사람을 기획하는 일

Designing People

사람을 기획하는 일

편은지 PD 지음

기획자는 어떻게 사람을
새롭게 읽는가

two
Rabbits

사람을 오래 바라보는
일을 합니다.

어떤 말투를 쓰는지,
눈빛은 어디를 향하는지,
무심한 한마디 속에
어떤 마음이 숨어 있는지를요.

그 사람을 가장
'그 사람답게' 보여주기 위해
수없이 묻고, 듣고,
상상합니다.

왜 저런 선택을 했을까,
어떤 서사가
이 사람을 만들었을까.

그렇게 사람을 읽고,
그 매력을 세상에 건네는 일.

그게 제가 말하는
'사람을 기획하는 일'입니다.

이 책은 사람을 중심에 두고
기획하는 법에 대해

조금 더 가까이, 다정하게
이야기해 봅니다.

사람을 모르고 기획할 수 있을까

책장을 잠시 덮고, 지금 여러분을 짓누르고 있는 것들에 대해 생각해보세요. 일련의 상황일 수도 있고, 경제적인 어려움일 수도 있습니다. 그렇지만 조금 더 파고들어 보면, 그것들 모두 '사람'으로부터 비롯된 일임을 금세 깨닫게 됩니다. 불쾌하거나 난처한 상황도 '사람들'의 표정과 온도가 만들어낸 것이며, 하물며 경제적인 어려움도 사람에 대한 잘못된 신뢰에서 비롯된 경우가 많습니다. 부정하고 싶어도, 우리가 겪는 어려움 중 9할 이상은 '사람'으로부터 비롯됩니다. 고통도, 행복도 마찬가지입니다.

그럼에도 우리는 사람에 대해 파고들려 하지 않고, 신기루를 찾듯 다른 제3의 묘안이 있을 것이라 착각하며 시간을 보냅니다. 끝없이 자문하고 탐색해 보지만, 결국 인간관계에 대한 것이 정리되지 않으면 우리 삶은 안개 자욱한 진흙길일 것입니다. 기술의 발전으로도, 그 어떤 노하우로도 해결할 수 없는 사람과 관련된 일. 어쩌면 우리 모두의 인생에 흩뿌려져 있는 이 모든 것들에 대응하기 위해서라도 '사람 기획'이 필요한 이유입니다.

단순히 기획자로서 성공하기 위함이 아니라, 인생 전체를 관통해 통찰을 얻고, 상처받지 않고 온전히 살아갈 수 있는 묘안이 될 수 있기 때문입니다.

일주일에 200명 이상의 사람을, 매주 10년 넘게 만나오면서 배운 것은 예능 연출의 묘가 아닌, 어쩌면 인생 연출의 묘였는지도 모르겠습니다. 감히 제가 먼저 반 발짝 앞서가서 보고, 느끼고 온 것들을 아낌없이 여러분께 나누고자 합니다.

저 또한 누군가에게 의지하지 않고도 온전히 혼자 설수 있다고 치기 어린 마음으로 우기고 싶었던 순간이 있었습니다. 그러나 머지않아 깨닫게 된 확실한 한 가지는, 미움, 분노, 질투—모두 인간에 대한 사랑으로 귀결된다는 사실이었습니다. 그것을 깨닫고 난 뒤, 놀랍게도 기획이 더 편해졌습니다.

사람을 기획하는 것이야말로, 이 세상 사람들이 원하는 정수가 포함된 일임을 깨달았기 때문입니다. 손쉽게 그럴싸한 가짜를 얼마든지 만들 수 있는 세상입니다. 누구나 어느 정도 수준의 정보는 몇 초 만에 얻을 수 있습니다. 이러한 가벼운 지식은 일시에 출력되고, 일시에 증발됩니다.

가벼운 지식은 더 이상 변별력이 없습니다. 그러나 사람들 속에서 얻어낸 지혜는 지식보다 무겁습니다. 쉬이 증발하지 않는 것입니다.

인간사 지긋지긋해서 산속에 들어가 호젓이 혼자 살

고 싶다는 생각, 한 번쯤 해보신 적 있나요? 깊은 산까지 가지 않더라도, 나 홀로 여행을 감행해 본 분들도 많을 것입니다. 그러나 그들 역시 출발하기가 무섭게 '나홀로 여행 이제 출발'이라는 게시물을 SNS에 올리며 **#혼여**라는 해시태그를 다는 데 열심입니다. 그것을 억지로 참아냈더라도, 여행지에서 만난 멋진 절경과 맛집은 최소한 친구에게라도 반드시 공유하고 싶어집니다.

이런 이들이 가볍고 못났다고 손가락질할 수 있을까요? 사람과 연결되고 싶고, 사람에게 인정받고 싶은 것은 인간의 본능입니다. 이를 외면하고 무언가 지름길이 있다고 고집하는 순간, 그 모든 것을 그르치게 됩니다. 인생도 고독하게 꼬여만 가고, 기획 또한 뾰족한 소구 포인트가 떠오르지 않을 것입니다. 가장 핵심 재료이자 원료인 사람을 스스로 제했기 때문입니다.

지겹고 미워도, 사람은 진짜입니다. 그것을 외면하지 않고 오랫동안 지긋이 바라봐야 하는 이유입니다. 오래 바라보는 것에 익숙해지면, 일순간에 휘발되는 가벼운 것들이 다 날아가 버린 후에도 당신 곁에 온전히 남아 삶과 기획에 대한 엄청난 힌트를 속삭여 줄 것입니다.

여러분이 이 책을 통해 사람을 오래 사랑하고, 기획을 사랑하는 두 가지 목표를 모두 이루시길 바랍니다.

차례

Chapter 1.

사람을 어떻게
'본다'는 것인가

기획은 따뜻한
미래 서사다

─────

사람을 기획하는 일은
'사람을 사랑하는 일'로
바꾸어도 무방합니다.

기획(명사)

: 일을 꾀하여 계획함.

일상 속 밥 먹듯 자주 쓰게 되는 단어 '기획'. 혹시 어떤 뜻인지 아시나요? 바로 '일을 꾀하여 계획함'이라는 뜻입니다. 단어 자체에 이미 미래 시제를 내포하고 있는 것 눈치채셨나요? 모두가 잘하고 싶어 하는 '기획'이라는 두 단어에는 미래의 어떤 일을 성공적으로 도모하기 위한 일련의 작업이라는 뜻이 내포되어 있습니다.

그렇다면 '사람 기획'은 어떨까요? 기획의 사전적 의미에 대입하면, '사람'을 주제로 일을 꾀하여 계획한다고 거칠게 정의할 수 있을 것 같습니다. 조금은 차갑게 느껴지는 단어인 기획과 감정을 가진 사람이 결합하는 것에 대해 어쩌면 거부감을 느낄 수 있을 것이라고 생각합니다. 주로 업무에서만 쓰는 '기획'이라는 단어를 우리네 사람들에게 쓰다니요. 마치 전략적으로 사람을 조작하는 것 아닌가 하는 의구심이 들 수도 있습니다. 하지만 사람을 기획하기 위한 준비물로는 한 치의 오차도 없이 정확한 자보다는 따뜻한 조도의 조명이 필요한 일입니다.

| 사람을 기획하는 일 = 사람을 이해하는 일

　사람을 기획하는 일을 '사람을 사랑하는 일' 혹은 '사람을 이해하는 일'로 바꾸어도 무방합니다. 결국은 사람을 온전히 조명하는 일이기도 합니다.

　지구상에서 유일하게 인간만이 미래를 미리 바라보고, 계획하며 살아갈 수 있습니다. 누군가는 그 자체를 즐기기도 하고, 누군가는 다가올 미래를 준비해야 한다는 사실만으로 엄청난 압박과 스트레스를 겪으며 살아갑니다. 심지어 사람들 틈에서 내 마음 같지 않은 타인들을 대하고 설득해야 하는 무언가를 찾아내야 한다는 것에 좌절감을 느끼기도 합니다.

　그래서 사람을 기획하는 방법에 대한 작은 힌트를 여러분들에게 드리고 싶었습니다. 저는 예능PD로서, 또 책을 쓰는 작가로서 늘 '사람'을 기획하는 일을 하고 있습니다. 사람들이 좋아할만한 것을 찾고 때로는 그들이 싫어할 요소가 무엇일지 자체적으로 눈치를 봅니다. 이러한 일들이 월급을 받는 제 주요 업무라면 믿으시겠습니까? 심지어 이것을 아주 치열하게 잘 해내면 시청률 등 저의 성과에 바로 반영된다면 그것 또한 받아들일 수 있으시겠습니까? 하지만 여러분의 인정 여부와 관계없이, 저는 실제로 그러한 업무를 하며 살아가고 있습니다.

다른 사람이라고 다를까요? 여러분이 하는 일 또는 인간관계 그 모든 것은 누군가를 설득하고 인정받는 것에 최우선 가치를 두고 있습니다. 우리는 누군가를 설득하기 위해 천문학적인 돈과 시간을 쓰기도 합니다. 이렇게 설득하는 일 자체가 만들어낸 세부 직업군만 해도 셀 수 없을 정도입니다. 실제로 광고주를 설득하는 일을 전문적으로 하는 사람을 AE라고 부르고, 시청자를 설득하는 일을 하는 사람을 PD라 부르며, 퇴근길 출출할 직장인들을 부르는 순대 차의 사장님 또한 폭넓은 의미의 기획자라고 부를 수 있습니다. 모두 큰 범위에서 사람을 이해하고 설득하며 세상을 살아가는 이들입니다. 여러분 또한 마찬가지겠지요.

세상은 이미 수많은 콘텐츠로 넘쳐납니다. 새로운 것을 기다릴 틈도 없이 시간 차로 새로운 콘텐츠가 올라옵니다. 그러나 결국 '사람'을 움직이는 것은 '사람'의 이야기입니다. 사람은 결국 사람을 사랑하게 되어 있듯, 사람들이 사랑하는 콘텐츠는 필연적으로 사람이라는 두 글자로 귀결되기 마련인 것입니다.

이에 기획자가 사람을 기획한다는 것은, 기계적으로 콘텐츠를 만드는 것이 아니라 어쩌면 사람 기획을 통해 세상을 이해하는 일에 더 가깝습니다. 이 때문에라도 기획자는 사람을 중심에 두는 기획을 해야 합니다. 그것만이 진정한 설득력과 콘텐츠 지속성을 만들어냅니다.

이쯤에서 절망을 느끼는 분들도 있을 거라 생각합니다. 사람에게 데일 만큼 데여 사람들이 꼴도 보기 싫거나 제발 사람들 틈에서 벗어나 남은 생을 호젓이 살고 싶은 분들도 있으실 겁니다.

그러나 생각보다 상황은 절망적이지 않습니다. 그분들 또한 '사람'이며 주변에 가장 변치 않고 오래 가까이서 볼 수 있는 존재 또한 '사람'이기 때문입니다. 그 관계와 외양들이 매 순간 행복하고 윤택하지 않더라도 상관없습니다. 그마저 사람 특유의 한계와 특장점이 만들어낸 것이기 때문입니다.

지금부터 여러분들이 할 일은 그 한계에 눈살을 찌푸리며 혀를 차는 대신 그것이 역으로 어떤 마력의 힘을 지니고 있는지 살펴보는 것입니다.

당장 실험실에 틀어박혀 세상에 없던 재료를 조합해 새로운 무언가를 만들어내는 것은 결코 훌륭한 기획이 아닙니다. 내내 곁에 있었지만 아무도 눈길 주지 않았던 그늘진 어떤 것에 따뜻한 빛을 쪼여주는 일을 성공적으로 하면 성공적인 '사람 기획'이 되는 것입니다. 자기 전

컴컴한 방에서 약간의 방향을 틀어 중요한 책의 문장에 독서등을 비추듯 크게 물리적 힘과 노력을 요하는 일이 아닙니다. 더 희망적인 점은 자기 전 짧은 독서 또한 매일 할 수 있듯이 사람을 조명하는 일 또한 일상적으로 지속할 수 있는 일이라는 점입니다.

　나와 같은, 때로는 한없이 나약하고 때로는 강인한 사람의 진면모를 따뜻한 시선으로 바라보고 미래 서사를 그려나가는 사람을 기획하는 일. 그 일이 습관처럼 손에 붙는 순간 여러분 또한 사람과 그들이 만들어가는 삶을 한층 더 사랑할 수 있게 될 것이라 확신합니다.

겉으로는 보여주고,
나는 그 안을 찍는다

———

누구나 숨기고 싶어 하는 그것을,
기필코 찾아내어 프레임 안에 담아냅니다.
역설적이게도 그것이
또 다른 '살아내는' 누군가에게
위로가 될 수 있기 때문입니다.

제 직업은 사람들을 '보여주는' 일입니다. 가끔은 이 것이 어떻게 직업이 되고, 사람들에게 사랑받는 콘텐츠가 될 수 있는 것인지 스스로 되묻곤 합니다. 나를 보여주는 일에는 이미 전 세계인 모두가 혈안이 되어 있기 때문입니다. 비싼 차, 명품 옷, 좋은 식당, 럭셔리한 여행지 등 우 리는 그것을 미처 즐기거나 마음에 담기도 전에, 일단 스마트폰으로 찍고 봅니다. 불특정 다수의 시선이 교차하는 SNS 세상에 전시하고 보여줘야 하기 때문입니다.

이미 이렇게, 심지어 그럴싸하게 멋진 장면들을 너도 나도 나서서 보여주고 있는데 '사람을 보여주는 일'은 어 떻게 직업이자 콘텐츠가 되는 걸까요?

제 제작 업무와 SNS 업로드의 차이점은, '살아내는 사람'을 보여드린다는 것입니다. 저는 기획할 때 단순히 좋은 옷과 비싼 음식을 찍지 않습니다. '살아내는' 사람은 '보여주는' 사람보다 훨씬 더 다양한 서사를 내포하고 있 습니다. 설령 그것이 같은 장면이라 하더라도, 내면의 이 야기를 들여다보면 확연히 다릅니다.

멋들어진 음식 사진 한 컷이 있다고 가정해보겠습니 다. '보여주는' 것이 5성급 호텔에서의 파인다이닝 fine dining 한 컷이라면, '살아낸다'는 것은 그 사진 한 장을 위 해 퇴근 후 배달 라이더를 자처하며 벌어온 일당, 덜 마른

퀴퀴한 빨래 냄새가 가시지 않는 단칸방에서의 고단한 삶, 그럼에도 불구하고 여느 또래처럼 SNS상에서는 화려해 보이고 싶은 연약하고 나약한 우리의 욕망까지 모두 포함합니다.

어쩌면 이 모든 것이 중첩되어, 사진 한 장에 담겨 있는 것입니다. '보여주는' 것은 단순한 장면 하나일 수 있지만, '살아낸다'는 것은 수많은 서사와 번외의 일들이 함축되는 일입니다. 가능하다면 우리가 모두 생략해버리고 싶어 하는 구질구질하고 고된 장면들이 모여야 비로소 '살아내는' 장면이 완성된다는 뜻입니다. 그래서 이것들은 자발적으로 업로드하는 게시물에서는 보통 배제됩니다. 최대한 화려한 장면만 남겨야 타인의 부러움을 살 수 있기 때문입니다.

하지만 저는 누구나 숨기고 싶어 하는 그것을, 기필코 찾아내어 프레임 안에 담아냅니다. 역설적이게도 그것이 또 다른 '살아내는' 누군가에게 위로가 될 수 있기 때문이지요.

〈살림하는 남자들〉(이하 살림남)은 섭외가 매우 어려운 프로그램입니다. '살아내는' 사람들이 주인공이기 때문입니다. 누구나 전시하고 싶은 이상적인 삶과 실제의 고달픈 삶은 별개로 존재합니다. 그 얄궂은 간극은 되도록 혼자만 알고 간직하고 싶게 마련입니다. 그래서 자랑하듯 보여줄 수 있는 인스타그램은 기꺼이 하더라도, '살아내는' 삶의 장면을 보여줘야 하는 〈살림남〉 출연을 결심하는 일은 결코 쉽지 않습니다.

감추고 싶은 가족의 갈등이나 경제적 어려움마저도 낱낱이 드러낼 용기가 필요하기 때문입니다. 누구에게나 본질적으로 유쾌할 수만은 없는 일이니까요.

그럼에도 불구하고 저는 인간에 대한 애정을 기반으로 이 설득을 성공적으로 해내야 합니다. 또 다른 '살아내는' 사람들을 위해서 말입니다. 아이러니한 것은, 보여주기식의 허황된 삶이 지배하는 세상 속에서도 우리는 결국 '살아내는' 사람을 기어이 찾아간다는 점입니다.

800만 조회수를 넘는 유튜브 채널 〈근황올림픽〉 또한 "누구누구를 찾아달라"는 구독자들의 댓글에서 섭외의 단서를 얻는 경우가 많습니다. 과거 유명 인물의 현재 삶을 조명하며 시청자들의 향수를 자극하는 인터뷰 콘텐츠로 인기를 끌고 있는 이 채널은, 오랜 시간 잊혀져 화려함은 사라졌을지라도 진짜 삶을 살았던 누군가를 많은 사람들이 여전히 그리워하고, 찾아보고 싶어 한다는 사실을 보여줍니다.

비슷한 사례는 또 있습니다. 연년생 4남매를 키우며 매일 집밥을 만드는 과정을 스마트폰 하나로 기록해온 주부 〈수연이네〉는 인스타그램 팔로워 142만 명(2025. 12. 16 기준)을 보유하고 있습니다. 그녀의 이야기는 다큐멘터리로 제작되고 책으로도 출간될 만큼 많은 이들의 사랑을 받고 있습니다. 그녀의 영상은 늘 새벽 5시 반, 졸린 눈을 비비며 쌀을 씻고 재료를 써는 아주 평범한 일상을 담고 있습니다. 플레이팅도, 편집 스킬도 없습니다. 그러나 그 1분 남짓한 영상은 많은 이들의 마음을 움직이고 있지요.

또 다른 예로는, 암 말기 판정을 받은 20대 유튜버 〈유병장수girl〉이 있습니다. 그녀는 "암환자도 재밌게 살아낼 수 있다"는 메시지를 전하고 싶어 채널을 시작했다고 말합니다. "먹고 싶은 게 아직 너무 많아서 죽을 수 없다"며 웃음을 건네는 모습은 실제로 생사를 오가는 상황에서도 '살아내는' 이들에게 유쾌한 위로가 되어주고 있습니다. 이처럼 인스타그램을 유심히 들여다보면, 그 안에는 '사람' 혹은 '삶'과 미치도록 연결되고 싶어 하는 이들이 모여 있다는 생각이 듭니다.

저 또한 마찬가지입니다. 말 한마디 없이 식재료를 냉장고에 채우는 영상, 퇴근 후 조용히 샤워하고 집을 정리하는 영상이 엄청난 조회수를 기록하는 이유는 분명합니다. 화려할 것 없는 냉장고 정리, 퇴근 후 일상 및 청소 영상에 과몰입하게 되는 이유는 그것이 진짜 살아내는 삶 그 자체이기 때문입니다. 그리고 우리는, 그런 일상과의 연결을 놓치고 싶지 않은 나약한 존재들이기도 합니다.

오래 가는 브랜딩의 핵심은 사람과의 관계를 쌓는 일입니다. 무대 위 모습만으로는 관계가 완성되지 않습니다. 멋진 뮤지컬 한 편을 봤다고 해서 무대 위 배우와 깊은 관계가 생기지 않는 것과 같은 이치입니다. 그것은 어디까지나 '본 것'에 불과하니까요.

상대와 진짜 관계를 맺기 위해서는 무대에서 내려온 뒤 그 사람이 어떤 것에 좌절하고, 무엇에 웃는지를 함께 바라보아야 합니다. 그래야 비로소 그 사람에게 적절한 위로나 유머를 건넬 수 있습니다. 그 화학작용이 완성되는 순간, 비로소 성공적인 브랜딩이 이루어집니다.

'살아내는' 모습 속에는 좌절과 허탈한 웃음, 박장대

소, 심지어 꾸며지지 않은 실수까지 모두 녹아 있습니다. 이것들은 결코 삭제해야 할 장면이 아닙니다. 오히려 박제하고 연구해야 할, 아주 가치 있는 장면들입니다.

| 당신의 글을 단돈 500원에 파시겠습니까?

2018년, 학자금 대출을 갚기 위해 편당 500원짜리 구독형 연재 서비스 '일간 이슬아'를 시작한 이슬아 작가의 이야기입니다. 그녀는 학자금 2,500만 원을 갚기 위해 스스로 '연재 노동자'가 되기로 결심했고, 매일 자정마다 독자들에게 이메일로 글을 보냈습니다. 생계를 위한 '살아내는' 글쓰기를 기꺼이 받아들였던 것입니다.

대중적인 작가로 성장한 이후에도 그녀는 "글을 쓰는 건 생존을 위한 노동"이라고 말합니다. 기꺼이 자신의 마음을 꺼내 독자들과 직접 소통하려 했던 그녀의 진심은 많은 독자들에게 전달되었습니다. 500원이라는 작지만 의미 있는 소비로, 그녀의 따뜻한 활자와 진짜 마음을 받아들인 이들이 많았던 것입니다. 이는 작가 이슬아의 정직한 생계 방식이자, 그녀만의 '진심 브랜딩'이라 할 수 있습니다.

기획자의
메모

<u>보여주기보다 연결하기</u>

1. 사람들은 완벽하게 꾸민 장면보다, 진심이 묻어나는 '살아내는 이야기'에 마음을 연다.

2. 내가 만든 콘텐츠(혹은 브랜드)는 사람의 감정에 어떻게 반응하는가?

3. 관계가 아니라 외형에 집착했던 순간은 없었는가?

타이밍을 감지하는
감정 레이더

———

누군가는 하차를 말하지만,
진짜 원하는 건 대화입니다.
타이밍은 운이 아니라,
공기의 흐름을 먼저 읽는 능력입니다.
기획이란 틈을 읽는 일입니다.
감정보다 깊은 결을 읽는 기술이죠.

"얼굴에 분칠한 사람은 믿지 말아라."

흔히 '분칠한 사람=연예인'으로, 연예인 출연자를 믿지 말라는 의미로 업계 농담처럼 쓰이는 말입니다. 어원 자체는 다소 부정적이지만, 저는 방송 제작자로서 '분칠한 사람의 말을 믿지 않으려는 태도'를 늘 유지하고 있습니다. 그렇다고 출연자를 신뢰하지 않는다는 뜻은 아닙니다. 오히려 그들을 더 과하게 믿는 태도에 가깝습니다. 그들이 "괜찮다"고 말하더라도 실제로는 괜찮지 않을 수 있다는 가능성을 상상하며, 혼자 더 앞서 걱정합니다. 연인의 관계로 비유하자면, 나 스스로를 훨씬 더 좋아하는 사람으로 염두한 후 '상대가 어떻게 하면 나를, 그리고 우리가 함께 만드는 프로그램을 더 좋아하게 될까'를 끊임없이 상상하는 것입니다. 관계에서 더 많이 애쓰는 쪽이 되는 것을 마다하지 않는 태도와도 같습니다.

그와 관련해 떠오르는 일화가 있습니다. 어느 날, 같은 팀 작가 한 분이 사색이 된 얼굴로 절 찾아왔습니다. 당장 출연자가 그만두겠다고 했다는 겁니다. 출연자의 하차 통보는 언제 들어도 가슴이 철렁한 일입니다. 게다가 "연락도 하지 말라"고 했다니, 작가는 거의 울기 직전이었습니다. 그가 전한 이유는 출연료에 대한 불만이었습니다. 보통 출연료는 그간의 출연 경력에 따라 책정되는데, 본인 생각엔 그 금액이 터무니없었나 봅니다. 출연료를 올려주지 않으면 내일부터 촬영에 불참하겠다고 으름장을 놨다고 했습니다. 표면적으로 보면 막무가내로 하차를 통보한 무례한 출연자였죠.

하지만 저는 '하차 통보'라는 단어보다 화가 난 그 사람의 상태에 먼저 집중하기로 했습니다. 아마도 그는 불만족을 표현하는 수단으로 '하차'라는 가장 강력한 단어를 꺼내 들었을 거라고 생각했습니다.

실제로 그를 만나보니 예상이 맞았습니다. 그는 출연료보다 오히려 자신이 존중받고 있다는 감정을 원했던 겁니다. 그것이 꼭 금전적 보상을 의미하는 것은 아니었습니다. 소통에 대한 갈증이었죠. 홧김에 최후통첩을 해놓고도, 오히려 그것이 정말로 받아들여질까 봐 더 불안했다고 했습니다. 한마디로 그는 금전적 보상보다 제작진과의 진정성 있는 대화를 원하고 있었습니다. 그래서 출연료 협상 대신 앞으로의 아이템과 프로그램의 방향성, 즉 '미래 서사'에 대한 이야기를 나눴습니다. 그러자 그의 마음이 눈에 띄게 누그러졌습니다. 불안한 미래의 구름을 거두어주고, 그가 걸어갈 이야기의 선명도를 함께 높여준 시간이었기 때문입니다.

이건 단순히 위기를 모면한 게 아니라, 기획의 본질을 단단히 세우는 시간이기도 했습니다. 미래 서사는 기획의 핵심이며, 그것을 함께 고민하는 것은 언제나 기획자에게 좋은 기회입니다.

기획자는 단순히 무언가를 만드는 사람이 아닙니다. 무언가가 필요해지는 순간을 가장 먼저 읽는 사람입니다. 이 출연자 역시 단순히 출연료 인상을 요구한 것이 아니라, 불안한 미래에 대한 공감과 밑그림을 함께 그려주길 바랐던 것입니다. 실제로 그가 불안할 수밖에 없었던 이유—예를 들어 최근작이 없어 공백기가 길었던 점—을 미리 살폈다면, 더 일찍 미래 서사를 제안할 수도 있었을 겁니다.

한 사람의 감정적 맥락은 한순간에 생긴 감정 기복이 아닙니다. 그가 느낀 결핍과 불안이 만들어낸 확실한 크랙, 즉 틈입니다. 그 틈을 들여다보지 않으면 결국 기획의 방향조차 틀어지게 됩니다.

또한 타이밍도 중요합니다. 맥락을 읽는 시간이 길어지면, 기획자로서의 힘을 잃습니다. 예를 들어 팬덤 기획은 오랫동안 10대 아이돌의 전유물로 여겨졌습니다. 반면 중장년층은 대중음악계에서 늘 비주류 취급을 받았죠. 그런 가운데 등장한 것이 〈미스터트롯〉이었습니다.

눈치 빠른 기획자는 과감히 10대가 아닌 중장년층을 주류 소비층으로 설정했습니다. 달라진 맥락의 온도를 재빨리 읽어낸 것이죠. 자녀를 다 키워내고, 회사에서도, 가정에서도 홀로 남은 그들의 근원적 고독이 바로 그 온도였습니다. 여기에 경제적 여유와 스마트폰 활용 능력까지 더해지며, 중장년 팬덤은 열정도 있고 투표도 잘하는 핵심 팬덤으로 진화할 준비가 이미 되어 있었습니다.

수많은 기획자들이 이 변화의 온도를 읽지 못했을 뿐입니다. 변한 맥락을 포착하고, 주 타깃층을 과감히 그들에게 맞춘 결과, 〈미스터트롯〉이라는 그릇 안에서 임영웅은 전 국민의 '영웅'이 되었습니다. 광고와 공연, 고척돔까지 매진시키는 메가 브랜드로 성장했죠.

그 타이밍은 누가 점지해 준 게 아닙니다. 기획자는 그저 주변의 공기를 먼저 읽었을 뿐입니다. 공허해진 일상 속에서도 무언가를 붙잡고 싶어 하는 사람들, '그저 그렇게 살기엔 아직 열정이 남아 있는 세대', '이제는 나도 즐기고 싶다'는 내면의 목소리, 그 정답 같은 맥락은 멀리 있지 않았습니다. 늘 가까이에 있었던 것입니다.

많은 기획자들이 타이밍을 직감이나 운이라고 생각합니다. 하지만 결국 타이밍 또한 감정의 흐름과 사회의 결을 읽어내는 기술이자 노력입니다.

기획자의
메모

기획의 타이밍을 놓치지 않는 3가지 법칙

1. 'No'를 'No'로 받아들이지 말 것
→ 단호한 No는 실제로 간절한 Yes, please인 경
  우가 많다. 당신이 "다 필요 없으니까 나가"라고
  울며 생떼를 부렸던 어린 시절, 정말 모든 게 필
  요 없었는지 생각해보자. 간절히 갖고 싶은 장난
  감을 사주지 않는 부모님에 대한 반항은 아니었
  는가.

2. 새로운 것을 발굴하는 대신 무심했던 것에 눈길
  을 주자
→ 중장년 팬은 늘 존재했지만, 그들을 경시하지 않
  고 주 무대로 끌어올린 기획자는 많지 않았다.

3. 미래 서사를 함께 고민해주는 기획자가 최종 승
  기를 잡게 된다
→ 인간은 유일하게 미래를 바라보고 두려워하는
  존재이다. 누구에게나 눈에 보이지 않는 아직 다
  가오지 않은 미래는 두렵기 마련이다. 나란히 앉
  아 그것을 함께 고민해보자. 엄청난 기획의 실마
  리가 될 수 있다.

마음속 코끼리를
마주하는 용기

―――――

"나만 뒤처지면 어쩌지?"
"결과가 안 좋으면 어떡하지?"
불안과 열등감은 겉으론 부정적으로 보이지만,
사실 그 안엔 사람을 움직이게 하는
가장 강력한 에너지이자 동력이 숨어 있습니다.

- 겉으론 평온한 얼굴을 화끈거리게 하는 것
- 언급만으로도 마음이 와르르 무너지는 것
- 잊으려 할수록 더 지속적으로 나를 괴롭히는 것

이게 무얼 의미하는지, 눈치 채셨나요? 바로 '열등감' 입니다. 열등감을 갖고 싶지 않아도, "코끼리를 생각하지 마!"라고 하면 오히려 코끼리가 머릿속을 점령하는 것처럼, 열등감은 평생 우리 곁을 떠도는 불편한 존재입니다. 그래서 우리는 열등감을 없애기 위해 최선의 최선을 다하며 살아갑니다.

하지만 아이러니하게도, 인간의 인생에서 결코 사라지지 않는 필연적 요소 또한 열등감이기도 합니다. 지속되는 열등감은 조용히 내면 깊숙한 곳에 남아 우리 마음을 병들게 하기도 합니다.

그러나 시선을 조금만 틀어보면, 각자의 열등감은 복제 불가한 고유의 특성이 담겨 있습니다.

열등감의 본질은 미래에 대한 불안입니다. "나만 뒤처지면 어떡하지?", "이러다 안 좋은 결과가 나오면 어쩌지?" 같은 생각들은 그 불안을 가장 잘 보여주는 표현입니다.

단순히 보면 절망적이고 부정적으로 들릴 수 있겠지

만, 꼭 그렇지만은 않습니다. 오히려 개인 안에 자리를 잡은 열등감은 때로는 놀라운 힘을 발휘하기도 합니다. 특히 다수의 마음을 움직여야 하는 콘텐츠 기획 영역에서는, 누군가의 열등감을 건드리는 것이 엄청난 연료이자 자원이 될 수 있습니다.

> 오늘도 아침엔 입에 빵을 물고
> 똑같이 하루를 시작하고
> 온종일 한 손엔 아이스 아메리카노
> 피곤해 죽겠네
>
> - 〈나는 아픈 건 딱 질색이니까〉, i-dle(아이들) 가사 中

▎ 불안을 건드리는 순간, 브랜드는 살아난다

미국에서 시작된 말차 열풍은 전 세계 MZ세대 사이로 빠르게 확산되었습니다. 젊은 층이 습관처럼 마시던 커피 대신 말차를 선택한 것이죠. 사실 커피는 많은 젊은이들에게 값싸고 대용량의 고카페인 음료이자, 즉각적인 각성 효과를 가진 '노동 음료'처럼 여겨졌습니다.

앞서 소개한 가사처럼, 1리터짜리 아이스 아메리카노, 줄여서 '아아'를 하루 종일 수혈하며 피곤한 일상을 가까스로 견디는 겁니다.

하지만 매일같이 카페인을 들이부으며 살아간다고 해서 내면의 불안이 사라지는 것은 아닙니다. 고카페인 음료를 반복적으로 마시면서도 사람들은 마음 한 켠으로 미래와 건강에 대한 불안을 느끼고 있습니다. 겉으로는 드러내지 않을 뿐이지요.

이처럼 무의식적으로 쌓인 불안감을 건드린 것이, 상대적으로 건강한 이미지를 지닌 말차입니다. 같은 카페인 음료이지만, 말차는 커피보다 카페인 함량이 낮고, '자연'과 '웰빙'이라는 이미지가 강하다는 점에서 청년 세대의 막연하면서도 강렬한 불안을 정확히 건드렸습니다.

건강을 위한 선택이라고는 하지만, 사실 말차는 중국 당나라 시대부터 존재해 온 오래된 음료입니다. 신상품도 아닌 말차가 이토록 급작스럽게 유행하게 된 이유는 무엇일까요?

가만히 있던 말차를 모두가 손에 들게 만든 사람들이 있습니다. 바로 헤일리 비버, 두아 리파, 젠데이아, 그리고 국내에서는 블랙핑크의 제니입니다. 이들은 모두 SNS 상에서 말차를 즐긴다고 이야기해 대중의 이목을 집중시킨 셀럽들입니다. 젠다이아는 스타벅스 아이스 말차 라테에 코코넛 밀크를 넣는 자신만의 레시피를 공유하며 팬들 사이에서 이를 따라하는 밈meme 소비 현상을 만들었습니다.

그 결과, 사람들은 단순히 말차를 마시는 것을 넘어서 대나무 거품기인 차선茶筅, 차센까지 구매하며 정성 들여 직접 말차를 만들어 마시는 데에도 몰입하고 있습니다. 이제는 말차 음료뿐 아니라, 관련된 부가 용품 시장까지 함께 성장하는 상황입니다.

사람이라면 누구나 크고 작은 불안과 열등감을 안고 살아갑니다. 하지만 그것을 겉으로 드러내기란 여전히 어색하고, 왠지 두렵고, 민망하기까지 합니다. 이럴 때, 대표성을 가진 유명인이 먼저 시도하면 그것은 곧 '유행'이 됩니다. 젠데이아의 말차, 그리고 지드래곤의 양산이 대표적인 예입니다.

한때 양산은 나이가 지긋한 어머니들의 전유물처럼 여겨졌습니다. 자외선 차단이라는 분명한 효용이 있음에도 불구하고, 특히 남성들은 양산을 들고 다니기엔 어딘가 낯뜨겁고 어색하게 느껴졌습니다. 하물며 온라인 커뮤니티에서는 "지드래곤이 양산 한 번만 써주면 좋겠다. 써주기만 하면 유행이 될 텐데"라는 바람 섞인 말이 회자

되곤 했죠. 패션 아이콘인 지드래곤이 양산을 들어주는 단 한 번만으로도 자신들도 거리낌 없이 쓸 수 있을 거란 기대 때문이었죠.

실제로 2024년 11월, 지드래곤은 빅뱅 대성의 유튜브 채널 〈집대성〉에 출연해 직접 양산을 사용했고, "남성들도 자신 있게 양산을 써보세요"라는 응원의 메시지도 함께 전했습니다. 이에 대중은 뜨겁게 반응했고, 이제는 남성들이 양산을 드는 모습이 더는 어색하지 않은 풍경이 되었습니다.

> "저는 꿈은 없지만, 불만은 많은 사람입니다."
>
> — 방시혁 의장의 서울대학교 졸업 축사 중

불만이 있지만, 그걸 선뜻 표현하기엔 용기가 부족할 때가 있습니다. 원하고 있음에도, 자신 없어서 말을 아끼게 되는 일들. 불편하지만, 겉으로 드러내기 어려운 감정들. 이 모든 것이 넓게 보면 미래에 대한 불안, 그리고 개인의 열등감에서 비롯된 것입니다.

하지만 이 불편한 감정들을 '없애야 할 골칫덩이'로만 여기지 마시고, 귀중한 에너지원으로 바라보는 연습을 해보셨으면 합니다. 그 시선 전환만 할 수 있다면, 분

명히 다수가 공감하고 열광할 만한 무언가를 발견하게
되실 겁니다.

결핍은 약점일까, 시작점일까?

열등감은 감정의 지문이자 데이터다. 사람은 불안할
때 '진짜 자신'을 드러낸다. 기획자는 그때를 놓치지
않는다. 기획의 출발점은 '멋진 나'가 아니라 '불안한
나'다.

◇ 내가 만든 콘텐츠는 어떤 불안을 건드리고 있는가?

◇ 그 불안이 '나약함'이 아니라 '공감의 출발점'이 될
   수 있을까?

◇ 내 콘텐츠가 누군가의 결핍을 따뜻하게 안아줄 수
   있는가?

모두가 강점을 팔 때, 약점을 들여다보는 기획자는 결
국 '사람'을 얻는다. 결핍을 이해하는 태도에서 진짜
연결이 시작된다.

존재감 없는 사람의
이야기를 만드는 법

———

누군가의 작은 존재감을 알아보는 순간,
그 사람은 '출연자'가 되고 '이야기'가 됩니다.
그 놀라운 회복의 시작은
"그는 왜 아무 말도 하지 않았을까?"라는 질문입니다.

"왜 대화에 집중 안 하고 자꾸 옆 테이블 얘기를 들어?"

지적을 받기 전까지는 저도 몰랐습니다. 이게 제 오랜 버릇이라는 걸요. 누군가와 대화를 나누면서도 저는 주변의 이야기를 끊임없이 엿듣습니다. 본능적으로 누가 무슨 말을 하며 웃고, 싸우는지 항상 궁금합니다. 그러다 보면 본래의 대화에 소홀해지기도 하고, 상대는 당황해합니다.

그런데 이 버릇은 업무에도 고스란히 묻어납니다. 예능 PD라는 직업은 주로 출연자나 작가와 일을 하지만, 저는 그 외의 사람들, 그러니까 '예능 업무 외 인원'이라 불릴 법한 이들을 더 유심히 봅니다. 예를 들면, 방송국의 행정 직원들. 대부분 20대 초반의 계약직으로, 고민이 많을 시기일 겁니다. 대체로 누가 요즘 무엇에 시무룩한지, 무심코 흘린 한마디가 어떤 정서를 머금고 있는지, 그런 것들이 눈에 먼저 들어옵니다.

저는 이런 감도와 눈치의 조각들을 즐깁니다. 다행히 이 성향은 무언가를 기획할 때 아주 쓸모 있는 자산이 됩니다. 남들보다 먼저 공기를 읽고, 말하지 않은 감정을 감지하고, 누군가의 존재를 조용히 인정하는 태도. 이건 예민한 엿듣기가 아니라, 낮은 자세의 관찰이라고 할 수 있습니다. 누군가 먼저 말해주지 않아도, 저는 그가 무대 뒤에서 긴장하고 있다는 걸 압니다. 구체적인 대답을 미리 준비한 멤버보다 말없이 앉아 있는 멤버가 가장 먼저 눈에 들어오는 이유입니다.

〈불후의 명곡〉에서 조연출로 일할 때도 그랬습니다. 무대 앞에서 각오를 묻는 인터뷰를 진행할 때, 저는 직감적으로 늘 그 그룹의 비주류 멤버에게 시선을 주었습니다. 늘 대답을 도맡는 팀 내 주력 멤버 대신, 말 한마디 준비하지 않은, 힘없는 눈빛의 멤버에게 질문을 건넸습니다.

"○○ 씨는 어떻게 생각하세요?"

그러면 화들짝 놀라 저를 쳐다보곤 했습니다. 주변 멤버들조차 '왜 저 멤버한테 질문을 하지?'라는 의아한 표정을 지었습니다. 하지만 진심으로 그가 궁금했고, 그가 빛날 수 있다고 믿었습니다. 그래서 사전에 조사해 둔 정보를 바탕으로, "팀 내 숨겨진 댄스 강자라는 말이 있던데 사실인가요?" 하고 묻습니다. 그러면 그 순간, 멍하던 얼굴에 생기가 돌고, 눈빛이 살아납니다. 팀 내에서도 그의 존재를 가볍게 여기던 시선들이 순간에 바뀌는 걸 느낄 수 있습니다. '이 연출자는 우리에 대한 공부를 해왔구나'와 같은 공감이 생기는 것이지요. 결국 그 멤버는 그날 레전드 무대를 만들어 냅니다. 그 순간을 가능하게 한 건 거창한 기획 능력이 아니라, 말없이 주변을 보며 타인의 존재감을 감지하려는 태도, 즉 공감력 높은 관찰자의 자세였습니다.

기획자의 질문은 단순히 정보를 얻어내기 위해 던지는 것이 아닙니다. '당신이 있다는 것을 알고 있습니다'라는 다정한 메시지를 먼저 건네는 방식입니다. 이것은 출연자의 여린 정서를 보호하고, 동시에 콘텐츠 안에서 살아 움직이게 하는 가장 효과적인 기획 방식이기도 합니다. 그렇게 사람을 지켜보다 보면, 어느 순간 기획 아이디어가 떠오릅니다.

제 첫 연출작 〈주접이 풍년〉도 그랬습니다. 연예인이 아닌 일반인 팬이 주인공이 되는 예능. 스타 뒤에 그림자처럼 머물던 팬들의 존재를 전면으로 끌어내고 싶었습니다. 누군가에겐 비주류 포맷일지도 모르지만, 저에게는 그들의 깊은 서사가 분명히 보였습니다. 팬으로 살아봤고, 그들의 이야기를 옆에서 엿들어 봤고, 그들이 가진 내면의 저력을 누구보다 잘 알고 있었기 때문입니다.

결국 이 프로그램은 그해 신규 프로그램 중 최고 시

청률을 기록하며, '일반인 프로그램은 성공 확률이 낮다'는 업계의 통념을 깼습니다. 공모전 수상, 정규 편성, 그리고 무엇보다 '누군가를 오래 좋아해 본 사람'만이 써 내려갈 수 있는 기획임을 증명했습니다. '염탐'이라 부를 수 있는 기꺼운 감정 노동, 무수한 관찰과 경청이 결국 사람을 주제로 한 콘텐츠를 만들게 된 것입니다.

때로는 말 한마디 없는 사람, 존재감 없는 사람, 옆자리에 조용히 앉아 있는 사람이 콘텐츠의 중심이 됩니다. 기획자는 늘 말 많은 사람보다 말 없는 사람을 먼저 봐야 합니다. 그 감도를 훈련해두면, 기획은 훨씬 더 깊고 단단해집니다.

질문을 던지지 않아도, 답을 구할 수 있는 방법은 무수히 많습니다. 그 시작은 '저 사람은 왜 아무 말도 하지 않았을까?'라고 스스로 자문하는 일입니다. 그리고 그 물음의 끝에는, 존재의 회복이자 인간에 기반한 콘텐츠가 될 서사가 있습니다.

덕후로 오랜 시간 살아오며 체화된 점은 '무표정의 표정을 보는 능력'입니다. 다른 사람들이 보기에는 분명 무표정인데, 애정 가득한 덕후의 눈에는 그 안의 수많은 생각과 갈등이 보였습니다. 사실 처음에는 숨겨진 마음을 들여다보려 애쓰며 관찰했지만, 이후에는 노력하지 않아도 자연스럽게 그렇게 되었습니다.

무표정의 표정을 보는 일은, 기획 상대와 소통하지 않을 때도 계속됩니다. 그가 아무 말도, 어떤 행동도 하지 않아도, 무엇을 기대하는지를 지켜보고 기획에 담는 일입니다.

예를 들면, 〈살림남〉의 신화 이민우 편에서 어머니의 치매 검사를 기획한 적이 있습니다. 가족들은 어머니의 치매를 전혀 의심하지 않았습니다.

그러나 사석에서의 대화 중, 최근 꽃놀이 갔던 일을 기억 못 하신다는 말씀과 멍한 어머니의 표정에서 심상치 않음을 느낄 수 있었습니다. 조심스럽게 검사에 대한 이야기를 꺼냈고, 가족들도 흔쾌히 동의해 주었습니다. 내심 모두의 마음속에 작은 불안이 있었던 모양입니다.

결과는 치매 초기였고, 그 어려움을 함께 이겨내며 가족이 더 단단해지는 계기가 되었습니다. 실제로 어머니가 젊은 시절에 배웠던 스포츠 댄스를 추며 시련을 이겨내는 장면은 많은 시청자들의 공감을 자아냈습니다.

그 누구도 먼저 말하지 않았고 표현하지 않았지만, 행간을 읽으려는 감각과 대상에 대한 애정이 만든 기획이었습니다.

"제가 괜한 얘기를 해서 죄송합니다."

흔히 한국인들의 대화에 유독 자주 등장하는 <u>스스로</u>를 낮추는 겸양의 표현입니다. 그러나 이는 동시에 진정한 소통과 감지를 방해하는 양날의 검이기도 합니다. '괜한 얘기' 혹은 '괜한 관심'에서 모두가 가장 기대했던 기획이 나오는 경우가 많기 때문입니다. 나 혼자 정적이 흐르는 반지하 방에서 묵묵히 삼키는 밥 한술. 누가 볼까 두려운 구질구질하고 초라한 순간이지만 그 '괜한' 순간을 포착해 10년째 장수 인기 프로인 〈나 혼자 산다〉와 각종 1인 가구 조명 콘텐츠가 등장했습니다. 심지어 그들의 외로운 밥상에 친구가 되어줄 '밥친구'('밥친구'는 함께 식사를 하는 사람을 뜻하는 직역적인 의미, 밥 먹는 시간을 즐겁게 만들어주는 사람, 사람 외에 어떤 콘텐츠나 대상을 의미하는 넓은 의미가 있습니다. 최근에는 1인 가구가 늘면서 혼자 식사할 때 곁들이는 유튜브 쇼츠 같은 영상 콘텐츠를 '밥친구'라고 부르기도 합니다)라는 말도 일반명사처럼 흔히 쓰일 정도죠.

괜히 그 말 꺼냈어.
괜히 그랬어.

그 '괜히'라는 두 글자에는 아무도 시도하지 않았던 애정을 기반으로 한 용기가 숨어 있는지도 모릅니다. 기획에서는 '괜히'라는 두 글자가 엄청난 에너지를 발휘합니다. 오늘 당신이 '괜히 ~할까 봐' 하지 않았던, 혹은 흘려보냈던 일은 무엇인가요. 그것을 '괜히' 한 번 시도해 보는 건 어떨까요.

결국, 기획은
사람을 이해하는 일

———

모두가 사람을 보지 못할 때,
우리는 최우선 순위를 '사람'에 두어야 합니다.
브랜딩에서 사람을 제외하면,
결과는 0이니까요.

모두가 브랜딩 기획을 잘하고 싶어 합니다. 불황 속에서도 꿋꿋이 살아남기 위해 브랜딩이 중요하다는 데에는 이견이 없습니다. 하지만 학창 시절 누구나 공부가 중요하다는 걸 알면서도 결국 좋은 성적을 얻는 사람은 소수에 불과하듯, 다이어트의 중요성을 알면서도 성공하는 이가 드물 듯, 브랜딩도 마찬가지입니다. 결국 해내는 사람은 극소수에 불과하죠.

왜 그럴까요? 핵심을 잊고 있기 때문입니다. 브랜딩의 본질은 결국 '사람을 관찰하고 관계를 쌓는 일'에서 시작됩니다. 《브랜드 설계자》의 저자 러셀 브런슨 역시 브랜딩을 "타인의 머릿속에 어떤 이미지로 남는가에 대한 싸움"이라고 말한 바 있습니다. 여기서 가장 중요한 키워드는 바로 '타인'입니다.

물리적 관계든 정서적 관계든, 타인과의 관계가 두터울수록 브랜드의 뿌리는 깊고 넓게 퍼집니다. 성공적인 브랜딩은 곧 나를 지지해줄 충성도 높은 소비자 팬덤을 창출하는 일이기 때문입니다. 결국, 모든 것은 사람과의 관계 설정으로 귀결됩니다.

그런데 우리는 자꾸 이를 망각합니다. 사람에 집중하기보다, 획기적인 디자인이나 자극적인 콘텐츠로 대중의 순간적인 관심을 끌어내는 데 몰두하죠.

하지만 똑똑한 요즘 소비자들은 그런 가벼움을 이미 간파하고 있습니다.

약 200명.

제가 일주일 동안 최소한으로 만나는 사람의 수입니다. 매주 녹화와 방송 제작이 있기 때문인데, 외부 미팅까지 포함하면 200명을 훌쩍 넘기기도 합니다. 연예인부터 환경 미화원, 매주 공개홀을 찾는 어린 팬들까지, 직업군도 매우 다양합니다. 사실 매주 반복되는 일이다 보니 무심해질 수도 있지만, 저는 본능적으로 그들을 관찰하고 살펴봅니다. 이게 참 재미있습니다.

제게는 '자발적 사람 관찰'의 시간이기 때문이죠. 예컨대, 환경 미화를 담당하는 한 어머님의 가방에 매달린 트로트 가수 키링을 보고 그를 주인공으로 한 프로그램을 구상해보기도 합니다.

월요일에는 〈불후의 명곡〉 녹화가, 금요일에는 〈뮤직뱅크〉 생방송이 있습니다. 두 날의 분위기는 확연히 다릅니다. 월요일에는 한껏 차려입은 중년 이상의 여성 방청객들이 로비에 가득하고, 금요일에는 화려한 탈색 머리를 한, 국적도 다양한 소녀들로 붐빕니다. 〈불후의 명곡〉 방청객들은 주로 로비 카페에 모여 있고, 〈뮤직뱅크〉 방청객들은 계단에 앉거나 돗자리를 깔고 누워 있기도 하죠. 마치 피크닉을 즐기는 것처럼요.

이런 팬들의 방문에 맞춰 공개홀 카페 사장님은 아이돌 컴백 기념 이벤트를 부지런히 기획합니다. 겉으로 보면 단순한 돈벌이 수단일 수 있지만, 팬들이 환호할 만한 '이야깃거리'를 만드는 셈입니다. 해외 팬들에게 공개홀은 낯설고 긴장되는 공간일 수밖에 없습니다. 그런 이들에게 편안한 쉼터를 제공하는 것만으로도 이미 관계 설정에 성공한 셈입니다. 이런 공간에서 팬들은 포토카드를 거래하고, '최애'에 대한 사담을 나누며 교류합니다.

반면, 팬들에 대한 이해 없이 빠른 회전률만을 추구하며 아예 의자를 없앤 카페도 있습니다. 팬들의 '머물 공간'이라는 니즈보다는, 더 많은 손님을 받으려는 계산에서 나온 운영 방식이죠. 물론 그 선택이 잘못됐다고는 할 수 없습니다. 다만, 장기적 관점에서 팬이라는 소비자와의 관계 설정에 중점을 두지 않았을 뿐입니다.

결과는 어땠을까요?

사계절 내내 팬들에게 쉴 곳을 제공한 카페는 수년째 성황 중이고, 차가운 계산으로 일관한 카페는 금세 사라졌습니다. 결국 수익 면에서도 '사람을 들여다보고 챙긴'

곳이 압승한 것입니다.

'브랜딩을 잘하고는 싶지만, 사람을 관찰할 시간은 없다', '브랜딩을 잘하고는 싶지만, 사람과 쓸데없이 잡담할 시간은 없다', '나는 브랜딩하기에도 24시간이 모자란 사람이다'와 같은 생각은 아이러니하게도 브랜딩을 수포로 돌리는 덫과 같은 장치입니다. "번아웃이 올 정도로 열심히 하는데 왜 공허할까?" 반문해봐도 소용없습니다. 사람과의 관계가 핵심인 브랜딩에서 사람을 제외한 채 이론과 포장만 고민해봤자, 그런 브랜딩은 결코 뿌리내리지 못합니다.

│ 사람은 결국 사람들과 사랑에 빠진다

히트 상품을 만들고 대기획을 구상하는 일은 결국 사람들의 관심을 끌기 위한 일입니다. 아이돌 그룹이 뛰어난 퍼포먼스로 어필하는 것도 대중의 사랑을 받기 위한 것이죠. 우리가 하루를 성실히 살고, 스스로 단장하는 이유도 사람들 틈에서 어우러지고 사랑받기 위한 본능적인 행동입니다. 이것은 인간으로 태어난 이상 거스를 수 없는 필연이자 운명입니다.

그런데도 우리는 사람을 자꾸 지웁니다. 혼자만의 기발한 아이디어로도 성공할 수 있을 거라 믿는 걸까요? 내재된 인간 본연의 가치를 애써 외면하면서 말이죠.

하지만 제아무리 번뜩이는 아이디어라도 사람들의 이목을 끌지 못하면, 결국 아무런 생각도 하지 않은 것과 다를 바 없습니다. '쓸데없는 잡담'이라 여겨지는 것도, 사람이 있는 대화이기에 오히려 유의미합니다. 창가에 앉아 사람들의 표정을 바라보고, 언제 인상을 찌푸리는지, 왜 웃음을 터뜨리는지 살펴보는 것이 중요한 이유입니다. "그때 면접은 어떻게 됐어요?"라며 관심을 갖고 등을 토닥여주는 동네 사장님이 결국 대박 가게의 주인이 되는 이유이기도 하죠. 평점이 별 다섯 개에 가까운 식당에서 손으로 꾹꾹 눌러쓴 메모를 음식과 함께 담는 이유도 마찬가지입니다. 그 손편지를 받아드는 순간, 단순히 허기를 채우는 음식이 아니라 피곤한 하루를 위로해주는 따뜻한 매개체가 됩니다. 다음에도 그 식당을 다시 찾게 되는 건 너무도 자연스러운 일이죠.

혹자는 그런 메모도 프린트일 뿐이라며, 상술에 속았다고 냉소할 수 있습니다. 하지만 그 진위 여부보다 더 중요한 건, 그 안에 진정성이 있는지의 여부입니다. 혼자 배달 음식을 기다리는 누군가에게 진심으로 온기를 전하려는 마음. 그 마음이 있었다면, 메모지가 프린트였든 아니든 중요하지 않습니다. 왜냐하면 그런 마음조차 없는 곳이 훨씬 많기 때문입니다.

그 정도는 나도 할 수 있다고요? 그렇기에 오히려, 지금 이 글을 읽는 여러분에게 더 많은 기회가 열려 있다는 뜻이기도 합니다. 모두가 사람을 보지 못할 때, 우리는 최우선 순위를 '사람'에 두어야 합니다. 콘텐츠 기획에서 사람을 제외하면, 결과는 0이니까요.

관계 중심 브랜딩 점검하기

◇ 내가 최근 '사람'을 관찰한 적이 언제였는가?

◇ 내가 만든 콘텐츠(혹은 브랜드)는 사람의 감정에 어떻게 반응하는가?

◇ 관계가 아니라 외형에 집착했던 순간은 없었는가?

→ 당신의 콘텐츠가 '기억'으로 남기 위해 필요한 것은 무엇인가?

Chapter 2.

사람을 기획하는
태도

좋아하는 눈이
기획을 완성한다

———

대충 보는 사람은 대충 기획합니다.
덕후는 똑같은 것을 매번 새롭게 봅니다.
기꺼이 반복에 미쳐있는 시선만이,
캐릭터를 만들고 시장을 엽니다.
진짜 기획자는 관찰자가 아니라 '집착자'입니다.

덕후의 '관찰력'은 곧 '통찰력'입니다. 관찰은 누구나 할 수 있습니다. 지는 노을을 바라보고, 차오른 달을 바라보는 일은 눈이 열려 있는 누구나 가능하기 때문입니다.

그러나 덕후의 눈은 그냥 열려 있지 않습니다. 거친 표현으로 말하자면, 애정에 미쳐 있고 '돌아' 있습니다. 애정에 기반한 광기의 렌즈를 끼고 있는 것과 마찬가지입니다. 이 천하무적 렌즈는 여러 강점이 있지만, 특히 반복에 지치지 않는다는 엄청난 차별점을 갖고 있습니다. 심지어 똑같은 것을 보는 데서 오히려 쾌감을 느끼고, 매번 같은 것을 보고도 다른 점을 찾아내는, 다소 이상하면서도 유일한 능력까지 지니고 있습니다. 똑같은 대상을 웃으며 보고 또 본다면, 당신은 필시 **삐빅-덕후**이십니다.

단순히 반복을 참아내고 나아가 즐기는 것이 도대체 무슨 능력이 되는 걸까요? 같은 장면을 매번 기꺼운 눈으로 바라본 이들은 압니다. 덕후만이 간파 가능한 숨은 패턴과 기획자의 의도가, 덕후에게는 낱낱이 읽힌다는 것을요. 이러한 덕후의 특성을 간파한 기획사들은 뮤직비디오에 반복해서 봐야만 캐치 가능한 오브제나 컷들을 의도적으로 숨겨두기도 합니다. 보고 또 보며 새로운 것을 찾아내려는 팬들의 욕망을 충족시키기 위한 기획 방향인 셈입니다.

보고 또 보다 보면 무언가 새로운 것이 자라납니다. 서당 개 3년이면 풍월을 읊는다지만, 인간이라면 3년까지도 걸리지 않습니다. 애정과 집착 어린 시선으로 뚫어지게 바라보면, 그것을 재구성할 수 있다는 자신감이 어느새 생기기 때문입니다.

혹시 누군가 곤히 자는 모습을 4시간 이상 뚫어지게 본 적 있으신가요? 실제로 〈1박 2일 시즌3〉 조연출로 일할 당시, 저에게 주어진 미션이었습니다. 막내 PD 시절, 멤버들의 취침 구간 편집을 맡았던 것이지요. 도대체 말 없이 잠만 자는 출연자를 보며 무슨 재미 요소를 찾아 편집하라는 건지 답답하기만 했습니다. 새벽 내내 꾸벅꾸벅 졸다가 출연자의 코 고는 소리에 화들짝 놀라 깨기도 했습니다. 그렇게 제가 잠든 출연자와 함께 사경을 헤맬 때, 같은 상황에서 '국민 남동생 이승기'라는 예능 캐릭터를 만들어 낸 기획자도 있었습니다.

실제로 그는 이승기에 대한 팬심으로 그 지루한 영상 소스를 빛나는 눈으로 하염없이 돌려보고 또 돌려본 것이 비결이었다고 합니다. 그렇게 애정을 담아 반복해서 본 영상 속 이승기는 팀 내 막내로 형들의 잠자리를 챙기기도 하고, 새벽에 형들 신발이 서리나 이슬에 젖지 않도록 텐트 안으로 전부 넣어놓는 배려를 보이기도 했습니다. 한두 번이 아닌, 매 영상에서 습관처럼 그렇게 하고 있었지요. 다만 애정 렌즈를 장착하고 전방위적으로 돌려보지 않았던 다른 이들은 쉽게 발견하지 못했던 장면입니다. 그러나 이승기에 대한 애정이 가득했던 기획자는 이 컷들을 모으고 또 모아, 배려 깊은 '국민 남동생' 캐릭터를 만들어냈습니다.

실제로 그 이후, 발라드 가수였던 이승기는 '국민 남동생', '예능 허당'으로 전국적인 사랑을 받게 되었습니다. 사람을 좋아하고, 사람을 들여다보는 데 기꺼이 자신의 시간과 체력을 쏟을 준비가 된 덕후가 해낸 일이었습니다.

"치킨은 문화다"
"치킨은 와이파이다—세상과 나를 연결해주는 매개체다"

치킨을 문화라고 공표하고, 세상과 나를 연결해주는 와이파이 같은 존재라고 천명한 이들이 있습니다. 바로 치킨 덕후들로 이루어진 연세대 치킨 동아리 '피닉스'입니다. 2013년 3월, 연세대학교 경영학과 학생들이 창립한 이 동아리의 이름은 '불사조처럼 치킨에 대한 열정을 불태우자'는 뜻을 담고 있습니다. 먹거리 중에서도 '치킨'

에 대한 뾰족한 애정으로 뭉친 이들은 치킨을 하나의 문화로 여기며 신나게 먹고 또 먹었습니다. 단순한 섭취가 아닌, 그것에 의미를 부여하고 함께 공유하고 향유한 것입니다.

그 결과, 그들은 이승기의 팬이 〈1박 2일〉의 '국민 남동생'을 만들어냈듯, '뿌링클'이라는 엄청난 결과물을 만들어냅니다. 실제로 신메뉴 개발 중이던 BHC가 피닉스 동아리와의 협업을 추진해 만들어낸 것이지요. 출시 이후에도 피닉스 동아리 멤버들은 "우리가 만든 치킨이 세상에 나왔다"는 자부심으로 각종 SNS와 커뮤니티에 자발적으로 리뷰와 추천글을 올렸고, 이는 엄청난 바이럴로 이어졌습니다.

실제로 '뿌링클'은 출시 10년 만에 누적 판매량 1억 3천만 개를 돌파하며, K-치킨의 대표 메뉴로 자리 잡았습니다. 여전히 초등학생 생일상에서는 절대 빠질 수 없는 필수템이기도 하지요.

즉석 떡볶이로 유명한 〈두끼〉의 김관훈 대표도 있습니다. 그는 잘 다니던 대기업을 퇴사하고, 자비를 들여 떡볶이 동호회 활동을 했던 것으로 유명합니다. 수년간 떡볶이 덕후로서의 삶을 반복하다가 2014년 〈두끼〉라는 브랜드를 창업했고, 1년 만에 50개 이상의 매장을 열었으며, 현재는 세계 11개국에 진출한 상태입니다. 그는 성공 비결을 묻는 질문에 이렇게 답합니다.

"좋아하는 것에 미치면, 시장이 열립니다."

기꺼이 반복적으로 먹고, 관찰하며, 재구성에 대한 추진력을 얻어 나아간 이들은 더 이상 '방구석 덕후'에 머무르지 않았습니다. 덕후의 관찰력은 단순한 관찰이 아니라, 엄청난 통찰력이자 기획자로서의 자산입니다.

자기 말로 말할 줄
아는 사람

———

도토리 모으듯 단어를 모아온 사람은
혹독한 겨울을 버팁니다.
자기 말로 말할 줄 아는 사람은, 결국 오래갑니다.
브랜딩도 마찬가지입니다.
진짜 언어와 태도를 가진 브랜드만이
사람의 마음에 오래 남습니다.

"노래할 때는 웃음기 빼고 진지하게 갈게요."

데뷔 21년 차, 그중 10년을 무명으로 보낸 개그맨이 개그 무대가 아닌 노래 경연 프로그램에서 한 말입니다. 개그맨이지만, 노래만큼은 진지하게 하고 싶다는 뜻이었습니다.

"좋은데, 왜 좋은지 모르겠어요. 미치겠어요." 실제로 그와 함께 일했던 한 여자 제작진의 말입니다. 그는 동료 개그우먼들 사이에서도 '결혼하고 싶은 남자 1위'로 꼽힙니다. 그런 그를 저는 '자기 말로 말할 줄 아는 사람'이라고 정의하고 싶습니다. 그 주인공은 바로 개그맨 이용진입니다.

앞서 말했듯 그는 21년 차 방송인으로, 그중 절반인 10년을 무명으로 보냈습니다. 데뷔 초창기, 고정 코너도 없이 대기만 하던 시절에도 단 하루도 빠짐없이 출근했다고 합니다. 이유를 묻자 그는 이렇게 말했습니다.

"매일 나와 있으면 언젠가는 일을 시켜줄 것 같아서요."

그 긴 시간 동안 그는 자신에 대한 탐색을 게을리하지 않았습니다. 늘 본인의 생각을 담아 진심으로 말했습니다. 가까이서 그를 지켜본 사람들은 입을 모아 이렇게 말합니다. '이용진은 언제나 자기 생각을 자기 말로 하는 사람'이라고. 그가 한 토크쇼에서 이런 질문을 받은 적이 있습니다.

"유재석이나 강호동 같은 라인에 들어갔더라면 더 쉽게 이름을 알릴 수 있었을 텐데, 왜 그러지 않았나요?"

그는 단호하게 답했습니다.

"라인을 타면 편할 수는 있는데, 오래가기 어렵다고 생각했어요. 그 사람이 없으면 나도 없는 것처럼 보일 수 있잖아요. 저는 그냥 제가 할 수 있는 걸 하면서 오래가고 싶었어요."

이처럼 자기 원칙으로 10년의 무명을 견뎌낸 사람, 그 사람이 바로 이용진입니다. 특히 그는 '노래'에 늘 진심이었습니다. 노래할 때만큼은 "웃기고 싶지 않다"고 말합니다. 그 확언을 뒷받침하는 노래 실력으로, 대중이 그를 개그맨이 아닌 가수로 바라보도록 영리하게 이끕니다. 자기 언어와 실력, 두 가지를 모두 갖추었기에 그의 에너지는 자연스럽게 전염됩니다.

헤어진 연인들이 한 공간에 모여 새로운 사랑을 찾아가는 리얼리티 예능 〈환승연애〉. 그는 이 프로그램의 진행자로서, 시청자들 대신 '과몰입의 끝'을 보여주었습니다. 그의 과몰입은 단순한 리액션을 넘어, 직관을 자기 언어로 재해석하는 힘으로 이어졌습니다. 보통이라면 "저 둘이 커플인 게 확실해"에서 끝났을 말이, 그의 입에서는 이렇게 변주되었습니다.

"저 둘이 커플이 아니면, <u>나는 앞으로 사람들을 못 믿을 것 같아.</u>"

- 〈환승연애〉 진행 중 MC 이용진의 말

"만약 저 둘이 커플이 아니라면, 저는 앞으로 사람들을 못 믿을 것 같다"라는 단순한 추측이 아닌 확신과 사고가 담긴 문장, 그만의 언어였습니다.

그는 또 이렇게 말한 적이 있습니다.

"이런 감정은 되게 묘해요. 근데 귀해요."

〈환승연애〉 전 시즌의 인기 출연자들이 다시 등장해

감정의 세계관이 하나로 이어지는 순간에 내뱉은 소감이었습니다. "와, 대박이다!"라는 흔한 감탄으로도 충분했을 장면이었지만, 그는 그 감정을 '묘하고도 귀한 감정'이라고 표현했습니다. 그 짧은 문장 안에는 출연자들의 감정을 존중하고, 프로그램의 서사를 이해하며, 진행자로서 느낀 섬세한 공감의 언어가 담겨 있었습니다.

서울대학교 국문학과의 나민애 교수는 요즘 사람들의 감정 표현이 지나치게 단조롭다고 지적한 적이 있습니다. "멋진 경치를 봐도 '헐', '대박' 같은 한정된 단어만 쓴다"는 것입니다. 그는 이런 단편적 감정 표현의 한계를 넘어설 방법으로 "우리 모두 단어를 모으는 사람이 되어야 한다"고 말했습니다.

어쩌면 이용진 씨는 이미 그런 사람이었는지도 모릅니다. 10년이 넘는 무명 시절에도 자신만의 신념을 지키며 감정과 단어를 하나씩 정성스레 모으고 쌓아왔습니다. 그렇게 쌓인 내면의 언어들이 차근차근 세상 앞에 드러나고 있는 것입니다.

그의 언어는 감성적인 연애 예능 속에서도, 때로는 과한 분장으로 웃음을 주는 유튜브 콘텐츠 속에서도, 플랫폼의 경계를 넘어 그만의 결로 빛을 발합니다. 10여 년간 성실히 모아온 도토리 같은 단어들로 따뜻한 겨울을

나는 다람쥐처럼, 그는 지금 자신만의 언어로 세상과 대화하고 있습니다.

"그래서 네 생각은 뭐야?"

이제는 누구나 그럴싸한 문장을 단 몇 초 만에 만들어 낼 수 있는 시대입니다. 그래서 진부하기 그지없는 이 질문, "대체 네 생각은 뭐야?"라는 말의 무게감이 오히려 더 묵직하게 다가옵니다. 그럴듯하게 포장된 말들은 넘쳐나지만, 그 속에 정작 '내 지분', 즉 '나만의 생각'은 없습니다.

기획자에게 이 차이는 결정적입니다. 실패한 기획자에게는 없고, 성공한 기획자에게만 있는 것, 바로 '나만의 생각', 페르소나Persona입니다. 브랜딩에서 '페르소나'는 단순히 가상의 고객상을 뜻하지 않습니다. 기획자의 시선이 머무는 사람, 그가 끝까지 지켜보는 한 인간 고유의 마음과 결이라고 할 수 있습니다.

성공적인 브랜딩 전략으로 잘 알려진 현대카드 CEO 정태영은 브랜딩을 단순한 마케팅 전략이 아닌 '페르소나 매니지먼트Persona Management'로 정의합니다.

"브랜딩은 페르소나를 관리하는 일이다.

브랜드에는 말투가 있고, 태도가 있고, 철학이 있다.

그것을 일관되게 보여주는 것이 브랜딩이다."

정태영 대표는 실제로 현대카드라는 브랜드에 하나의 페르소나를 부여하고, 모든 디자인과 마케팅을 하나의 인격처럼 통일된 방향성으로 이끌었습니다. 그 일관성은 느리더라도 강력한 신뢰를 만들어냈습니다.

조금 느리고 서툴지라도, 방송인 이용진 씨가 자신의 언어로 진심을 다해 대중과 소통했듯이, 브랜드 또한 느리지만 확실한 색채를 담는 것이 중요합니다. 결국 오래가는 브랜드란, 자기만의 언어와 태도를 잃지 않는 브랜드이기 때문입니다.

기획자가 '자기 말'이 필요한 이유

◇ 치열한 자신에 대한 고민만이 고유한 '자기의 방'
과 '말'을 만든다.

◇ 사람들을 설득시키는 말은 결코 상투적이어서는
안 된다. 오히려 디테일하고 뾰족해야 한다. 타
인을 설득하는 것은 '자기 말'을 하지 못하는 이
가 절대 성공할 수 없는 영역이다. 세상을 설득
하는 성공적인 기획을 하기 위해서 자기 말 연습
이 필수인 이유이다.

◇ 자기 말만이 오래 남는다. 역사상 수천 년간 존
재하는 위인들의 명언들. 치열한 인생 공부 끝에
나온 한마디의 온전한 '자기 말'이기에 모두가
기억하고 되새기는 말들이다. 오래가는 기획을
위해서는 스스로 꼭꼭 씹어 내뱉어 쌓아올린 기
획자의 말이 필요하다.

말 한 줄이 기획의
성패를 가르다

───────

요즘 기획의 시작은 '말투'를 고르는 일입니다.
대상이 명확할수록,
언어는 따뜻하고 구체적이어야 합니다.
'모두를 위한' 말은,
결국 누구에게도 닿지 않습니다.

말의 힘이 어느 때보다 무력화된 시대입니다. 대표적으로 광고 카피 또한 눈에 띄게 무력해졌습니다. 거칠게 말하면 과거에는 TV나 신문에서 그렇다고 하면 모두 그런 줄 알았다면 지금은 아닙니다. 작은 소리의 주장이나 카피 한 줄에도 수십만 건의 의문 댓글은 물론 집요한 검증 요구에 시달리게 됩니다. 심지어 누구나 정보 접근이 쉬워지면서 대중 스스로 검증 또한 가능합니다. 가벼운 광고 문구나 기획이 대중에게 쉽사리 녹아들 수 없는 이유이죠.

이는 예능 기획자가 시청자를 대하는 마음과도 일맥상통합니다. 소위 제작자의 감으로 출연자를 발굴하고 연출할 수 있는 시대는 지났습니다. 철저히 개인사와 논란 여부를 사전에 검증해내야 합니다. 이미 오래전부터 엔터테인먼트 회사도 아티스트의 학생기록부와 과거 SNS 기록 등을 더블 체크하는 등의 검증 절차를 밟고 있습니다. 실제로 누군가에게 피해를 입히거나 상처를 준 이들이 미디어 속에서 행복을 노래하는 시도 자체를 전면 차단하는 것이죠.

방송 또한 한 컷 한 컷을 시청자들이 매의 눈으로 주시하고 있습니다. 의문이 가는 것에는 바로 반기를 들고 제작진의 해명을 요구하니까요. 이렇게 깐깐해진 눈과

날렵한 검증 도구를 손에 쥔 소비자와 시청자를 대하는 기획자의 적절한 '말투'는 어떤 것일까요?

대중은 애매모호함을 허용하지 않습니다. 구체적인 형용사와 표현의 말이 필요한 이유이기도 하지요. 브랜딩 또한 마찬가지입니다. 음식 하나를 팔아도 '건강한 재료로 정성껏 요리한 제품'처럼 어디에 붙여도 같은 온도인 미지근한 브랜딩은 통하지 않는 법입니다. 오히려 '당뇨 환자도 식후에 섭취 가능한 저당 떡'이라는 명확한 대상 설정과 뾰족한 설명이 필요한 것입니다.

프로그램 기획 또한 '남녀노소 즐길 수 있는 편안한 예능'이라는 기획은 사실 기획이 아닙니다. 누구에게 가장 필요한지에 대한 기본적인 고민조차 없는 기획이라는 말과 같기 때문이죠. 물론 기획자의 입장에서 남녀노소가 모두 나의 기획물을 사랑해준다면 그보다 더 큰 영광은 없겠으나 그런 일은 실제로 잘 일어나지 않습니다. 남녀 중에 남인지 여인지, 또 그중에 노인 대상인지 MZ 세대를 공략한 것인지 명확히 정해야 합니다.

〈살림남〉의 서브 코너였던 '살림돌' 역시 살림남 중에서도 살림 잘하는 아이돌로 그 대상을 한정해 뾰족하게 타기팅해 아이돌 팬으로부터 많은 사랑을 받을 수 있었습니다. '추억 살림남' 또한 90년대에 사랑받았던 스타들과 추억을 소환하는 프로젝트로 그 시절 향수를 가진 이들을 타기팅해 큰 사랑을 받을 수 있었죠. 〈살림남〉이라는 큰 장르를 구체적으로 자르고 세분화해 타깃을 넓힐 수 있었던 것입니다.

대화 상대를 섬세하게 나눴다면, 그들에게 전하는 대화의 온도는 가급적 따뜻해야 합니다. 기획자가 정하는 말투에 따라 브랜딩 방향이나 기획 의도가 확연히 달라지기 때문입니다. "해보아요"라는 말과 "해보라고요"라는 말은 두 글자 차이지만 말의 온도로는 냉·온을 오갈 정도로 다릅니다.

실제로 커뮤니케이션을 할 때도 "넵","넹","네.","네네","헉, 네"등에 담긴 피드백이 다른 것처럼 말의 힘은 무력해졌지만 텍스트 자체가 부르는 오해의 크기는 오히려 더 커졌습니다. 직원에게 무언가 지시했을 때 "넵!"이라 늘 씩씩하게 답하던 후배가 어느 날 "네."라고 마침표까지 찍어서 보냈다면 상사로서 찜찜하기가 그지없겠죠.

분명 나에게 감정이 상한 것이 텍스트상에서 느껴지기 때문입니다. 반면 "헉, 넵!"이라고 답변이 오면, '업무 완성이 제대로 되지 않았구나. 업무 지시를 잊고 있다가 이제야 알아차렸구나'라는 걸 직감할 수 있습니다. 이것이 '말투'가 가진 힘입니다.

일상의 짧은 대답도 이런데 다수를 대상으로 하는 기획의 언어는 기획 대상에 따라 더욱 심사숙고되어야 합니다. 제가 연출 중인 예능 프로그램 〈살림남〉은 50대 이상의 중장년층이 주 시청층입니다. 그래서 최종 제작 단계인 합본을 할 때까지 심혈을 기울여 그들이 듣게 될 언어를 고릅니다. 이를테면 요즘 유행하는 말, '알잘딱깔센("알아서 잘 딱 깔끔하고 센스 있게 처리해줘"라는 뜻으로, 주로 누군가에게 일을 맡길 때 구체적인 지시 없이도 센스 있게 해달라는 의미로 사용)'이나 '테토남(남성 호르몬인 테스토스테론이 많은 남성을 상징하는 말로 주도적이고 현실적인 마초스타일 남자)', '에겐남(여성 호르몬인 에스트로겐의 영향을 많이 받은 듯한 섬세한 남자)'과 같은 표현은 아무리 유행일지라도 지양합니다. 되도록 삭제하거나 피치 못하게 방송할 때는 설명 자막을 충실하게 추가해서 방송합니다. 실제로 이 과정에서 젊은 세대의 PD들의 볼멘소리가 나오기도 하지요. 유행하는 힙한 표현을 쓰고 싶은데 그 욕구를 메인 기획자라는 이유로 제가 저지하기 때문입니다.

그럼에도 저는 기획의 대화 상대를 확정했기 때문에 그 방향을 유지합니다. 쉽게 생각해 60대인 우리 엄마가 모를 것 같은 표현은 다 쉬운 말로 바꾸는 것이죠. 영어 표현이 익숙지 않은 시청층을 배려하기 위해 영어로 된 아이돌명은 되도록 한글도 같이 병기해줍니다. 이는 결국 중장년층에게 아이돌을 알리는 데에도 도움이 될 것이라 믿습니다. 하물며 아무리 MBTI가 유행이라 할지라도 어른들을 위해 'T형 인간'이나 'F형 성향' 같은 표현보다는 '이성적인', '감성적인 성향' 등으로 풀어서 자막을 수정하는 편입니다. 편하게 즐기려는 예능 프로그램을 보며 그 누구도 일말의 소외감도 느끼지 않길 바라는 기획자의 조바심 어린 시선이자 배려의 말투입니다.

저는 세상 사람들이 소위 '명문대'라고 부르는 대학을 졸업했습니다. 사람들이 몇몇 대학을 묶어서 '명문대'라는 세 글자로 쉽게 부르는 만큼 '명문대생'에게 거는 기대 또한 쉽고 명확했습니다. 그중 하나가 '명문대생이라면 과외 수업 또한 잘하겠지'라는 것이었습니다. 실제로 저를 비롯한 동기들에게 과외 요청이 쇄도했지만 몇 달 후 결과는 천지차이였습니다. 열 명 이상 가르치는 학생이 늘어난 동기가 있는 반면 단 며칠 만에 해고된 친구도 있었습니다. 핵심은 본인이 잘 알고 있는 것과 누군가를 가르치는 것은 다르다는 점이었습니다. 누군가를 설득하고 가르친다는 것은, 내가 아는 것을 꼭꼭 씹어 소화하기 쉽게 만든 뒤 학생들의 머리에 쏙쏙 넣어주는, 어미새가 새끼 새를 키우는 지난한 과정과도 같았습니다. 예를 들어 제게는 너무 쉬운 수준의 문제일지라도 학업 수준이 낮은 학생에게는 일부러 너스레를 떨며 이렇게 말하곤 했습니다. "이건 진짜 엄청 어려운 문제라서 나도 일주일 넘게 고민했고 나도 고등학생 때 엄청 틀렸던 문제야"라고요. 일단 이렇게 얘기하면 학업에 무심한 학생들도 관심을 갖습니다. 어쩌면 일종의 정서적 공감을 일으키는 연극과도 같습니다.

유일한 관객은 학생입니다. 과외 선생이자 기획자인 제가 학생의 학업 성취도를 높이겠다는 목적이 명확하다면 그 대상에게 통할 만한 온도와 정확한 말투를 골라야 합니다. 이는 생각보다 시간이 오래 걸리는 일입니다. 학생의 성향과 학교 분위기도 파악해야 하고 실제로 학생이 어떤 말투에 흔들리는지 관찰해야 합니다.

적확한 온도와 말투는 생각보다 전방위적인 파급력을 갖고 있습니다. 매번 여러분이 기획에 실패하는 기분이라면 그때 여러분의 한 줄의 말과 온도는 어땠는지 한번 체크해 보면 어떨까요.

**기획자의
메모**

말의 온도를 설계하는 일

◇ 기획자의 말을 곧이곧대로 믿는 시대는 지났다.

◇ 카피보다 본질이, 말보다는 말투가 더 중요하다.

◇ 구체적이고 다정한 표현이 필요하다.

◇ 내 기획의 청취자의 부류를 잘게 쪼개보자.

◇ 따뜻한 배려의 말이 필요하다.

◇ 그 누구도 소외되지 않아야 한다.

소심한 사람들의 콘텐츠는
오래간다

떠들썩하지 않아도 괜찮습니다.
소심하고 조용한 사람들의 방식에
세상은 점점 익숙해지고 있으니까요.
확성기보다 귓속말이 더 멀리 가는 시대입니다.

어린 시절, 저는 유독 소심했습니다. 발화하는 말의 수보다 가만히 눈을 굴리며 살피고 듣는 말의 수가 훨씬 많았지요. 그래서인지 낯을 가리고 소심한 사람들 특유의 분위기와 말투를 본능적으로 잘 읽게 되었습니다.

태초부터 세팅된 소심 DNA는 방송 제작 기획을 시작한 이후에도 유지되고 있습니다. 글쓰기 플랫폼인 브런치를 처음 시작하면서부터 제 소개글은 줄곧 이렇습니다.

"세상의 모든 수줍은 약자들이 행복한 세상을 만드는 데 능력을 발휘하는 게 최종 목표입니다."

다행히 콘텐츠 기획 또한 '소심인들을 위한 방향'으로 변모하고 있습니다. 쉽게 말해, '소심인 타깃 기획'이 대세가 되어버린 것입니다. 10년 넘게 예능 프로그램을 제작해오고 있지만, 예전처럼 온 가족이 저녁 식사 후 함께 둘러앉아 볼 프로그램을 만드는 것이 더 이상 목표가 아닙니다. 이제는 그것이 실현 불가능한 신기루 같은 목표가 되어버렸기 때문입니다.

실제로 TV 시청 인구는 물론, 온 가족이 다 같이 TV를 시청하는 인구는 더더욱 크게 줄어들었습니다. 제가 만든 콘텐츠를 보기 위해 TV 앞에 옹기종기 모여 앉아줄 가족 단위의 사람들이 사라진 것이지요. 오히려 늘어난 1인 가구를 대상으로 혼자 먹는 식탁에 '밥친구'가 되어 줄 프로그램을 기획하는 것이 차라리 더 좋은 방향성이자 목표입니다.

쇼핑할 때도 쩌렁쩌렁 환영 인사를 해주는 점원이 여전히 존재하지만, '혼자 구경하고 싶어요'라는 팻말을 조용히 선택한 고객을 먼발치에서 지켜봐 주는 점원도 이제는 당연한 옵션이 되었습니다. 이는 더 이상 유난스러운 것이 아니라 '개인으로 남고 싶은, 조용하고도 확고한 선택'입니다.

이런 흐름을 기획자는 간파해야 합니다. 더 이상 떠들썩한 어필 대신 조용하지만 확고한 지지를 선호하는 경우가 많기 때문입니다.

"딱 맞는 거리에서 오래 지켜보자."

- 윤종신 〈대인관계〉 중

윤종신 씨가 작사한 〈대인관계〉의 가사를 축약한 내용입니다. "딱 맞는 거리에서 오래 지켜보자"는 문장은 뮤지션 윤종신의 결을 여실히 보여줍니다. 음악적 끼는 물론 재치까지 겸비한 그는 예능인으로서도 폭넓은 사랑을 받았습니다. SBS 〈패밀리가 떴다〉, MBC 〈라디오스타〉 같은 프로그램의 메인 출연자로 오랜 기간 활약했지요.

이런 활약에도 불구하고 그는 12년간 메인 MC였던 〈라디오스타〉를 포함해 모든 방송에서 잠정 하차했습니다. 게다가 한국을 아예 떠나겠다고 말해 방송 관계자들을 더욱 놀라게 하기도 했습니다. 그가 밝힌 활동 중단의 이유는 다음과 같습니다.

"한국에서의 위치나 역할보다, 내가 어떤 음악을 만들 수 있는지가 더 중요하다."

이미 대한민국 예능계에서 대체 불가능한 성공과 입지를 확보했던 그가 이 모든 것을 내려두고 홀연히 떠나는 건 결코 쉬운 일이 아니었을 것입니다.

방송 중단 선언과 함께 동시에 그가 꺼내든 '이방인 프로젝트'는 '월간 윤종신'의 10주년을 맞아 새로운 창작 환경을 위해 타지로 떠나는 프로젝트였습니다. 15주년을 맞이한 '월간 윤종신'은 그가 매달 음악을 발표하겠다는 목표이자 포부를 담아 2010년 시작한 프로젝트였고, 실제로 이는 상당한 성공을 거뒀습니다. 다른 뮤지션들도

'월간 윤종신'과 유사한 형식의 창작을 시도했지만 10년 이상 지속한 것은 윤종신뿐이기도 합니다.

그의 조용하고도 확고한 행보는 10대, 20대에게도 눈길을 끌었습니다. 대표적으로 2017년 〈좋니〉가 역주행 하며 젊은 층의 폭발적인 공감을 얻었습니다. 여러 가지 흥행의 이유가 있지만, 젊은 층은 정제되지 않은 〈좋니〉 의 가사에 담긴 솔직한 '찌질함'에 공감했습니다.

"네가 조금 더 힘들면 좋겠어."
"난 뒤끝 있는 너의 예전 남자친구일 뿐."

이런 가사들은 서툰 이별로 이불킥을 해봤던 청춘들 의 마음을 건드렸습니다. 겉으로 번지르르하지 않아도 내면의 결에 남아 있는 대중적 상처를 과감히 건드려준 것이지요. 예전에 김건모의 〈미안해요〉 가사에 대한 일화 도 있었습니다.

"그대의 생일날 따뜻한 밥 한 번 못 사주고
그대가 좋아한 장미꽃 한 송이조차 건네지 못했던 나를
용서할 수 있나요."

당시 예능 프로그램에 함께 출연했던 개그우먼 이경실 씨는 "노래가 너무 추접스러워요"라며, "백반, 기껏해야 5천 원이야!"라고 호통쳤고 김건모 씨는 웃음을 참지 못했지요. 이 장면은 이후에도 '이경실이 김건모 〈미안해요〉를 싫어하는 이유'라는 제목으로 커뮤니티에서 자주 회자되고 있습니다. 꾸밈보다 오히려 숨겨야 할 궁색함을 감성적으로 드러낸 예외성이 폭넓은 대중의 관심과 공감을 얻는 데 오히려 중요한 포인트였던 것입니다.

겉으로 보기엔 탄탄했던 예능 경력보다, 작은 흐름일지라도 '진짜'를 담은 뮤지션의 삶. 현학적이고 화려한 가사보다, "너 때문에 죽을 것 같다"는 절절한 찌질함이 주는 울림. 그것들을 겨냥하는 것은 대단한 '겉'을 포기하고 잔잔한 '결'을 들여다보아야 가능한 일일지도 모르겠습니다.

우리가 찌질해서 싫다고 고개를 젓는 것들 안에, 실은 모두가 원하고 바라는 무언가가 숨어 있을지도 모릅니다.

감이 빛날 때,
태도는 남는다

———

센스는 순간의 재능이지만,
태도는 생존의 기술입니다.
기획자의 무기는 아이디어가 아니라,
견디는 방식입니다.
빛나는 한 장면을 위해
수백 번의 실패를 감당할 수 있는 사람.
그게 진짜 기획자입니다.

감 좋은 사람 vs 태도 좋은 사람

위의 두 가지 중, 여러분은 어떤 사람이 되고 싶은가요? 좀 더 풀어보자면, 감 좋고 타고난 센스 자체가 빛나는 사람과 올곧고 태도 좋은 사람. 어떤 쪽에 더 끌리시나요? 아마도 직관적으로는 전자를 택하실 가능성이 높을 것입니다. 감 좋은 사람 앞에는 붙일 수 있는 화려하고 흥미로운 수식어들이 많기 때문입니다. '참신한, 반짝반짝 빛나는, 유일무이한' 같은 수식어들이 그렇지요.

반면 '태도 좋은 사람' 앞에는 그럴싸한 수식어가 상대적으로 잘 떠오르지 않습니다. 어쩌면 전자에 비해 다소 고루하고 고지식하게만 느껴지실 수도 있습니다. 세상을 설득하는 무언가를 창조해내는 기획자에 대입해봐도 첫눈에 강한 인상을 주지 못하는 유형일 수 있습니다.

그러나 기획자로서 둘 중 하나만 선택해야 한다면 무조건 태도를 우선으로 선택해야 합니다. 비록 기획자의 역량이 감이나 아이디어에서 시작된다 하더라도, 그 깊이와 무게는 결국 태도에서 비롯되기 때문입니다. 즉흥적으로 "이거 재밌겠다", "저거 한번 해보면 좋겠다" 하고 떠올리는 것은 누구나 할 수 있습니다.

하지만 기획이라는 작업은, 톡톡 튀는 아이디어를 내

뺄는 일보다도 졸린 한낮의 사자처럼 얼굴에 붙은 파리를 쫓아가며 지루한 시간을 견뎌내야 하는 일입니다. 당장 그만두고 싶더라도 낮 동안 에너지를 모아, 적당한 밤에 사냥을 나가는 것. 그것이야말로 기획자에게 필요한 태도입니다.

혹시 발레리나 강수진 님의 발을 본 적 있으신가요? 그녀의 깃털 같은 몸놀림과 백조 같은 우아함만을 상상하셨다면 크게 놀라실 겁니다. 실제로 그녀의 발은 수십 개의 물집과 굳은살로 가득 차 있습니다. 어쩌면 밭을 매는 농부의 그것보다도 거칠지요. 그 발은 그녀가 자신의 직업을 대하는 태도 그 자체입니다. 지루하고 고통스러운 반복을 오롯이 견뎌낸 그 결실이 바로 전 세계적 찬사를 받는 위대한 아티스트 강수진 그 자체인 것입니다. 대중은 찬란한 순간만을 보게 되지만, 기획자는 그 찬란한 한순간을 위한 모든 지난한 과정을 견뎌내야만 합니다.

이 과정에서 수많은 실패를 마주하고, 타인의 평가와 시선을 견디며, 스스로를 돌아보는 태도가 결국 성숙한 기획자의 깊이를 만들어냅니다. 이때의 '태도'란, 단순한 성격을 넘어 한 사람의 인격과 인성의 나이테와도 같다고 여겨집니다.

| 기획자의 태도는 성장을 선택하는 방식이다

인격의 결이라는 것은 단지 착한 마음을 뜻하는 것은 아닙니다. 기획을 하다 보면, 수많은 의구심과 실패가 파도처럼 몰려옵니다. 내가 옳다고 믿은 기획이 누군가에겐 상처가 될 수도 있고, 또 다른 누군가에겐 분노의 대상이 되기도 하지요. 이때 그 비판과 분노를 무시할 것인지, 반격할 것인지, 혹은 받아들일 것인지는 기획자의 몫입니다.

기획자로서 '받아들이겠다'고 결심한다면, 더 크고 단단한 그릇과 용기가 필요합니다. 뜨겁고 무거운 돌과 불을 받아들일 수 있는, 그런 주물 그릇을 만들어야 하는 것이지요. 그것이 바로 기획의 성장으로 이어지는 방식입니다.

KBS의 장수 예능 〈1박 2일〉을 아시나요? 해당 프로그램의 기사마다 꾸준히 등장하는 베스트 댓글이 하나 있습니다.

ㄴ 이제 그만 폐지해라

2007년에 시작하여 18년째를 맞았지만, 이 댓글은 여전히 계속해서 반복됩니다. 직접 검색해보면 놀라실 정도로 패턴이 동일합니다. 그렇다면, 18년째 같은 피드백을 받는 제작진은 어떤 태도를 선택했을까요? 홧김에 폐지를 선언하고 못 간 휴가를 떠났을까요? 아니면 댓글을 단 사람을 신고했을까요?

아닙니다. 제작진은 '폐지' 대신 '변화'라는 방식을 택했습니다. 멤버 교체, 제작진 교체 등 자체적인 업그레이드를 반복하며 현재 시즌4까지도 꾸준히 예능 상위권을 유지하고 있습니다. 이처럼 수많은 변화 속에서도 유일하게 남아 있는 인물이 있습니다. 바로 김종민 씨입니다. 그는 〈1박 2일〉의 첫 회부터 지금까지 18년간 고정 출연 중인 유일한 멤버입니다. 그가 말하는 그만의 제1의 신념은 "고생하는 제작진에게 토를 달지 않는다"는 것입니다. 항상 어수룩한 말투와 '국민 바보' 이미지로 알려져 있지만, 그 속에는 철저한 태도와 자기관리의 원칙이 자리잡고 있습니다.

실제로 어느 날, 그의 휴대폰 메모장을 보게 된 적이 있습니다. 메모장에는 수많은 명언과 문장들이 빼곡히 적혀 있었습니다. 왜 그렇게 정리해 두었냐고 물어보니, "불시에 누가 물어볼 때 제대로 대답하고 싶어서 항상 정리해 두고 외워요"라고 수더분하게 웃어 보였습니다.

정말 그다운, 바보스러울 만큼 변함없는 모습이었습

니다. 그러나 그런 태도야말로 그를 긴 시간 한자리에서 빛나게 해준 원동력이라 느꼈습니다.

| "It's a beautiful day, and I can't see it."

광고계의 전설 데이비드 오길비David Mackenzie Ogilvy 는 어느 날 길에서 구걸하는 시각장애인을 만났습니다. 그가 들고 있던 푯말에는 이렇게 적혀 있었습니다.

"I'm blind. Please help."
(저는 시각장애인입니다. 도와주세요.)

발화자 입장에서의 상황 설명이었습니다. 행인들은 무시로 일관했고 깡통 또한 텅텅 비어있었습니다. 오길비는 그냥 지나치려다가, 안타까운 마음에 그의 푯말 문구를 아래처럼 바꿔주었습니다.

"It's a beautiful day, and I can't see it."
(아름다운 날이네요. 하지만 저는 볼 수 없습니다.)

그러자, 텅 비어 있던 깡통에 돈이 차곡차곡 쌓이기 시작했습니다. 무심히 지나가던 행인들로 하여금 '나에게는 당연하듯 맑은 날이 누군가에는 365일 컴컴한 어둠일지도 모른다'는 판단을 들게 했기 때문이지요. 도와달라는 직설적인 표현 대신, 도움을 줄 행인의 마음을 먼저 상상해 건드리는 방식. 그 하루의 아름다움이 누군가에게는 절실한 기적일 수 있다는 메시지를 전한 것이지요.

　이는 결국, 기획자에게도 동일하게 적용됩니다. 기획은 단순한 기술이나 창의성의 문제가 아니라 세상을 바라보는 태도의 문제이기도 하니까요.

기획자의 6가지 태도

인내의 태도 → 기획은 본래 자극적이고 짜릿하기보
다 지루한 것임을 인정하자.

관찰의 태도 → 트렌드가 아닌 누군가의 표정과 호
흡을 지켜보자.

맥락의 태도 → 결과물보다는 어떤 흐름에서 시작되
었는지 유추해보자.

실패의 태도 → 실패를 인정하고 혹평을 공짜 피드
백으로 기꺼이 받아들이자.

경청의 태도 → 끝내 수용하지 않더라도 진심을 담
아 가만히 귀 기울이자.

결단의 태도 → 본질에 집중하며 확고히 결단하자.

진짜는 오래 걸리기도
한다

───────

오래된 것 속에서
내 눈에만 보이는
실낱같은 가치를 발견해내는 것,
그것이야말로 성공적인
기획의 출발점이 될 수 있습니다.

"TV가 가장 친숙한 이들을 위한 프로그램을 만들고 싶습니다."

첫 제작발표회 자리에서, 예능 PD로서의 목표를 묻는 기자의 질문에 제가 했던 대답입니다.

그야말로 TV 소리가 나지 않으면 하루가 허전할 만큼, TV를 일상의 필수품처럼 여기는 분들을 위한 프로그램을 만들고 싶었습니다. 마치 밀가루 회사에서 빵을 주식으로 삼는 사람들을 위해 더 맛있는 빵을 만들고 싶어 하는 마음과도 비슷하다고 할 수 있습니다.

사실 TV를 오랫동안 사랑해온 이들은 주로 중장년층부터 노년층이 대부분입니다. 물론 최근에는 이들조차도 유튜브나 SNS 같은 플랫폼을 주로 소비하고 있습니다. 그럼에도 불구하고, 여전히 TV를 중심으로 세상을 바라보고 살아가는 어르신들이 있습니다. 저는 KBS 예능국의 PD로서, 그런 분들을 위한 가치를 지켜가고 싶었습니다.

광고업계와 방송사에서 가장 중요하게 여기는 시청률은 2049(만 20세부터 49세 사이의 시청자층을 기준으로 한 시청률 지표입니다)입니다. 사실 중장년층 이상의 어르신들의 시청률은 광고주들이 크게 선호하는 수치는 아닙니다. 그럼에도 저는 'TV를 사랑하는 사람들'을 기획의 우선순위에 두는 데 집중해왔습니다.

실버 팬의 덕질을 다룬 〈주접이 풍년〉, 7년 넘게 사랑받고 있는 〈살림남〉 또한 그런 고민 속에서 만들어졌습니다. 일각에서는 "나이 든 일반인 팬의 이야기가 뭐가 궁금하냐"는 비판도 있었지만, 저는 분명히 믿고 있었습니다. 나이 많은 사람들의 애정이라고 해서 결코 낡거나 올드하지 않다고요. 오히려 세상을 알 만큼 아는 분들의 순수한 마음이 더 반짝일 수 있다고 생각했습니다.

〈살림남〉 역시 반복되는 가족 이야기가 지겹다는 비판이 있었지만 가족이라는 존재야말로 시대가 변해도 흔들리지 않는, 영원한 가치라고 믿었습니다. 가정은 한 개인의 삶이 시작되고 또 끝나는 가장 소중한 장소이기 때문입니다. 조금 시간이 걸릴지라도, 결국에는 사랑받는 기획이 될 것이라는 확신이 있었습니다.

결과적으로 〈주접이 풍년〉은 사내 공모에서 수상하고 정규 편성까지 되었으며, 〈살림남〉은 전체 예능 시청률 2위에 오르는 성과를 이뤘습니다.

"요즘 누가 TV를 봐, 스마트폰 보지."

'요즘 누가?'라는 이 네 글자는 기획자에게 있어 수많은 가능성과 사고의 회로를 단절시킵니다. 무언가를 시도하려 해도 괜히 두렵고, 그렇다고 아무것도 하지 않자니 뒤처질까 더 두려워지기 마련입니다. 그럴 때 불안한 손으로 쥐고 있던 걸 내려놓거나 포기하는 일은 가장 쉽고 편한 선택일지도 모릅니다.

실제로 브랜딩을 시작할 때 가장 많이 시도하는 것이 CI 변경입니다. 기존의 브랜드 로고나 색상, 디자인을 유행에 맞춰 바꾸려 하는 것이지요. 물리적으로 가장 눈에 띄는 방식이기도 하고, 접근하기 쉬운 방법이기도 하니까요.

그러나 오히려 그런 변화는, 기존의 친숙했던 브랜드 이미지를 해치게 되기도 합니다. 요즘 유행한다는 각종 디자인 요소를 억지로 덧붙여 오히려 "안 바꾸느니만 못하다는" 혹평을 받는 경우도 많습니다. 다소 투박하고 올드해 보일지라도, 수십 년을 견뎌온 그 브랜드만의 우직함이 있다면 버리는 것보다 지켜내는 태도가 훨씬 세련된 '요즘의 방식'일지도 모릅니다.

변하지 않는 것이 곧 정체되었거나 발전이 없다는 뜻은 아닙니다. 오히려 변치 않는 가치야말로, 무엇보다 빛나는 트로피가 될 수 있습니다.

'올드하다'는 지적은 그 안에 살아보지 못한 이들의 섣부른 평가일 수 있습니다. 브랜딩도 마찬가지입니다. 요즘 유행하는 요소가 없다며, 그저 오래됐다는 이유로 올드하다고 단정 짓는 태도에서 벗어날 필요가 있습니다. 오래된 것 속에서 내 눈에만 보이는 실낱같은 가치를 발견해내는 일, 그것이야말로 성공적인 기획의 출발점이 될 수 있습니다.

"민통선? 민통(?)선? 남과 북이 서로 통치는 지역?"

〈무한도전—바보전쟁: 순수의 시대〉에서 진행자가 방송인 홍진경 씨에게 '민통선'의 뜻을 묻자 순간적으로 내뱉은 답변입니다. 이 프로그램을 통해 그녀는 '뇌순녀 1호'라는 별명을 얻었죠. 사람들은 그녀의 무지를 예능 소재로 삼았지만, 그녀는 이를 감추기보다 인정하며 새로운 시도를 시작합니다.

바로 유튜브 채널 〈공부왕찐천재〉를 개설한 것입니다. "사실은 내 수학 수준이 중등 수학 수준에 멈춰 있다" 며, 당당하게 1:1 과외를 받는 모습까지 공개했습니다.

심지어 초등학생 딸과 함께 수업을 듣기도 하면서요. 이런 진솔한 모습 덕분에, 데뷔 32년 차 중견 연예인임에도 불구하고 그녀는 180만 명에 가까운 구독자를 확보하게 되었고, 10대 팬층에게까지 폭넓은 사랑을 받게 되었습니다. 크게 자극적인 편집도 없는 채널인데 말이죠.

화려한 퍼포먼스나 유려한 비주얼의 소유자도 아닌 평범한 엄마인 그녀가 어떻게 이토록 사랑받을 수 있었을까요? 홍진경 씨는 상대를 뚫어지게 바라보며, 마치 스펀지처럼 흡수하고 체화하는 사람입니다. 실제로 그녀가 방송에 출연해 상대의 이야기를 들을 때 보면, 입 모양까지 따라 할 정도로 집중해서 듣는 모습을 볼 수 있습니다. 제작자로서 봤을 때, 이는 그녀만의 인간에 대한 깊은 호기심과 애정에서 비롯된 태도라고 생각했습니다. 그녀는 오랜 시간이 걸릴지라도, 사람의 마음을 얻는 법을 누구보다 잘 알고 있는 사람인 것 같았습니다.

그리고 그 확신을 갖게 된 계기가 있었습니다. 바로, 그녀가 친구의 생일날 남긴 글을 읽었을 때입니다.

나는 정신을 2004년에 처음 만났다.
민선 언니 소개로 나간 자리였다.
난생 처음 보는 한 작은 애가 시작부터 영롱한
무엇이었다. 완전히 달랐다.

아홉 살에도 열네 살에도 스물셋에도 내가 찾던 사람.
그 나이엔 어디에 살았느냐고 처음 만난 자리에서
실제로 그런 질문을 막 해댔었다.

글리세린을 섞은 듯 쉽게 증발하지 않는 정신의 이야기들은
뒤틀어져 엉거주춤 힘겨운 숨을 내쉬던 나를 촉촉히 펴주었다.

그날부터 오늘까지 십오 년이 흘렀다.
서수남 하청일같이 사이 좋게 쏘다녔다.

이제 나는 정말 더 찾지 않는다.

어떤 해는 정신을 한 번도 못 보고 지나가도
정신을 모르던 시답잖은 날들에 비하면
아름답다.

정신 생일 축하해
2019.9.14. 홍진경

♡ ◯ ▽   ⊡

좋아요 3,440개
jinkyunghong 보스턴 시간에 맞추어...

요즘은 카톡 한 번, 인스타 피드 한 번으로도 안부를 건넬 수 있는 시대입니다. 그러나 그녀는 한 글자 한 글자 타이핑해 출력한 종이 편지라는 오래된 방식을 택했습니다.

"보스턴 시간에 맞추어…"

이 문구만 보아도, 친구가 살고 있는 보스턴 현지 시간에 맞춰 업로드한 그녀의 세심한 배려가 느껴집니다. 지구 반대편에 있어도 여전히 끈끈하게 연결된 우정을 그녀는 오래된 방식으로, 그러나 누구보다 따뜻하게 표현한 것입니다.

그리고 오랜 친구에게 이렇게 말했습니다.

"정신을 모르던 시답잖은 날들에 비하면 아름답다."

이 문장은, 단순한 친분으로는 나오기 어려운, 상대에 대한 깊은 사유에서 비롯된 고백이었습니다.

최근, 그녀는 오랜 고민 끝에 이혼 소식을 대중에 알렸습니다. 놀랍게도 그녀는 이 이야기를 기사도, 본인의 유튜브 채널도 아닌, 정선희 씨의 유튜브 채널을 통해 전했습니다. 해당 채널은 당시 개설 두 달 정도밖에 되지 않은 신생 채널이었습니다. 이유를 묻는 질문에 그녀는 이렇게 답했습니다.

"저는 언제나 언니에게 내 얘기를 다 하는 사람이니까요."

20년 만에 본인의 채널을 연 정선희 씨를 누구보다 아끼고 응원하고 있었기에, 그녀는 자신의 중요한 결정을 가장 먼저 그곳에서 전하고 싶었던 것입니다. 그래서 22년간의 결혼 생활 마무리를 30년 지기 친구와의 대화 형식을 빌려 담담히 풀어내는 시간을 가졌습니다. 그 덕분에 팬들도 그녀의 결정을 편안하게 이해하며 받아들일 수 있었습니다. 늘 자신의 이야기를 진솔하게 전해왔던 그녀이기에 가능한 선택이었습니다.

변하지 않는 한 사람, 한 사람에 대한 깊은 애정과 사유가 그녀를 오랜 시간 사랑받게 한 이유이기도 합니다. 데뷔 32년 차인 그녀의 앞으로의 행보가 더욱 기대되는 이유입니다.

기획자의 메모

◇ 사람을 기획한다는 것은 정교한 기계 조작이 아니라, 차분하게 조명의 조도를 조절하는 것이다.

◇ 나이, 트렌드, 유행에 흔들리지 않고 사람의 마음과 오래된 가치에 집중하는 태도가 결국 사랑받는 콘텐츠를 만든다.

◇ 기획자는 사람의 이야기를 세상에 가만히 드러내는 조력자이며, 지겹도록 변하지 않는 가치를 발견하고 지켜내는 사람이다.

Chapter 3.

오래가는 기획은
무엇이 다른가

하루 1cm의
기적

———

진짜는 답답합니다.
하지만 결국 남는 것도 진짜입니다.
션의 달리기, 아이의 걸음마,
기획자의 꾸준한 관찰처럼
화려하지 않지만 축적되는 진심.
그것이 결국 브랜드가 됩니다.

수많은 연예인이 참석한 2008년 한 달리기 행사. 모든 연예인이 단장된 외모로 출발선에서 사진만 찍고 퇴장할 때, 10킬로미터를 끝까지 완주한 연예인이 한 명 있었습니다. 바로 지누션의 션입니다. 심지어 그는 이전에 달리기 경험이 없었음에도 '무언가에 참여하면 진실되게, 끝까지 해야 한다'는 평소 가치관을 기반으로 서툴지만 달리고 또 달렸습니다. 달리기 행사를 기획했지만 실제로 연예인이 완주할 것이라고는 기대하지 않았던 행사 관계자들은 이례적인 모습에 감동해 이후로도 그를 초대하기 시작했습니다.

그날 이후로 17년간 그는 매일 달리는 삶을 살게 됩니다. 누군가에게는 지루하고도 답답한 그 행보로 션은 지금까지 수천 킬로미터 이상을 달리며 60억 원을 기부하고, 19채의 독립유공자 후손 주택을 건립하기에 이르렀습니다. 간혹 힙합 가수인 그를 사회복지사라고 부르는 이들이 있을 정도입니다.

누군가는 그의 선행마저 비아냥 가득한 시선으로 보기도 합니다. 실제로 사진만 찍고 퇴장했던 다른 연예인들과 달리 당시 달려보지도 않은 장거리 10킬로미터 완주를 어렵사리 해냈을 때, 그 우직함에 오히려 '왜 답답하게 저렇게까지 할까?'라는 삐딱한 시선이 더 많았다고 합니다. 그를 부정적으로 보는 이들을 향해 그는 이렇게 말합니다.

"악플은 제 삶의 방향을 바꾸지 못합니다. 저는 제가 옳다고 믿는 길을 계속 걸을 거예요."

사실 진짜는 답답하기 마련입니다. 아기들이 처음 때는 걸음마도 족히 최소 10개월 이상은 걸립니다. 넘어지고 울고 또 넘어지며 마침내 걷게 됩니다. 수저 하나를 잡아서 음식을 입에 넣는 일도 마찬가지입니다. 입가에 묻히고 그릇을 떨어뜨리고, 양육자의 속이 까맣게 타들어갈 때쯤 어느새 어설프게나마 혼자 식사를 하게 됩니다. 부모가 아니라면 차마 기꺼이 참아낼 수 없을 만큼 지겹고 답답한 과정이지만, 누구도 부인할 수 없는 '진짜 발전'입니다. 또한 눈에 보이지 않을 만큼 미세할지라도 양육자의 정성과 아기의 소근육 발달 등이 점점 축적되어 일어난 성취이기도 합니다. 그리고 이것은 평생 가는 습관입니다. 자리 잡는 데 오래 걸렸지만, 평생 한 사람의 건강과 행복을 위해 오래오래 자리 잡게 될 습관인 것입니다.

│ 브랜딩은 반복이 아니라 축적이다

어린 시절, TV 앞에서 수화기를 든 엄마의 손이 가장 조급해지는 순간이 있었습니다.

"남은 수량 단 네 개! 지금 주문 안 하시면 품절입니다! 지금 바로 전화 주세요!"

위와 같은 까랑까랑한 쇼호스트의 안내 멘트가 나올 때였습니다. 당장 못 사면 나라라도 잃을 듯, 엄마는 한 손엔 리모컨을, 한 손엔 수화기를 들고 바삐 상담원을 연결해 주문을 완료했습니다. 이처럼 TV를 켜면 쏟아지던 홈쇼핑 상품들. 요즘 세대들은 더 이상 "지금 바로 전화 달라"는 TV 속 쇼호스트의 말에 마음이 요동치지 않습니다. 실제 수치적으로도 홈쇼핑은 저물고, 오히려 인스타그램을 통한 인플루언서의 판매가 엄청난 성장을 보이는 추세입니다.

화려한 소개 멘트와 상품 데코, 위트 있는 안내 멘트와 간편한 주문. 이 모든 게 녹아 있는 홈쇼핑이 부진하고, 개인 계정만 있을 뿐 주문 시스템도 없는 인스타그램 판매에 왜 소비자는 열광하는 것일까요?

홈쇼핑의 반복성 멘트는 단기적 기억을 남기지만, 인스타그램에서의 소통의 축적은 관계를 만들기 때문입니다. 인스타그램에서 구매를 할 때, 처음 본 인플루언서의 상품을 구매할 확률은 거의 없습니다. 팔로우해 놓고 매일, 그것도 실시간으로 긴 시간 동안 일상을 공유받은 그 누군가에게서 제품을 구매하는 것입니다. 오랜 기간에 걸쳐 쌓아왔던 관계와 제품과 관련한 일상 피드들, 나아가 라이브 방송을 통한 직접 소통까지 신뢰와 관계가 이미 두터워진 상태에서의 구매 결정입니다.

예를 들어, 어린이용 곰탕을 파는 인플루언서를 가정해보겠습니다. 판매 이전에 아이가 첫걸음을 뗀 날, 둘째를 연년생으로 임신한 날의 초음파 사진, 더위에 이유식을 만들던 날의 릴스까지, 이 모든 것들로 '육아에 진심인 주부'의 정체성을 축적해 보여주며 선先소통합니다.

온라인으로 맺어진 관계이지만, 이미 점심 때마다 집에 와서 밥을 나누어 먹는 육아 동지라도 된 듯한 깊은 신뢰를 형성합니다. 그런 이에게 물건을 사는 것은 단순한 구매가 아닌 관계를 이어가는 일입니다. 실제로 해당 인플루언서는 판매 이후에도 여행 시 곰탕 활용법, 아이가 감기에 걸렸을 때의 활용법, 심지어 제품과 무관하게 부부 싸움 후 하소연하는 라이브 방송 등, 구매자와 심리적

거리를 좁히고 관계를 잇는 노력을 꾸준히 이어갑니다.

이러한 매일의 경험과 공감이 축적된 이상, 소비자에게 해당 인플루언서는 소위 말하는 '팔이피플'이 아닙니다. 홈쇼핑이 상품과 가격을 보여줄 때, 인스타그램의 인플루언서는 삶을 공유해주었기 때문입니다.

이처럼 실질적으로 나와 관계없는 반복 멘트 대신, 친밀한 관계에 기반한 스토리와 축적이 훨씬 강하게 어필되는 것입니다. 이것들이 쌓이면 단순히 곰탕 한 팩을 구매한 것이 아닌, 나처럼 육아에 시달리는 동지애를 나눈 이의 노력과 정성을 공유받은 것과 같은 심리적 보상을 느끼게 됩니다. 이는 간편하게 앱으로 1초 만에 주문 가능한 대기업의 홈쇼핑 시스템이 채워줄 수 없는 정서적 충족감입니다. 이 충족감은 하루하루의 진심이 만든 스토리의 축적에서 오는 것입니다. 때로는 답답하지만, 일상의 조각들이 모여서 만들어낸 그림이기에 이는 강하게 오래갈 수밖에 없습니다.

왜 우리는 꾸미지 말라고
부탁하는가

———

모두가 예뻐질 수 있는 시대에,
있는 그대로도 괜찮다고
말해주는 콘텐츠만이 오래 남습니다.
진짜를 있는 그대로 담는 용기,
그것이 기획자가 세상에 남기는 흔적입니다.

단언컨대, 너도나도 예뻐지기 쉬운 세상입니다. 저의 미적 판단 기준이 지나치게 낮다거나 성형 강국 대한민국의 현실을 꼬집으려는 의도는 아닙니다. 말 그대로 '예뻐지는 것'이 얼마든지 가능한 세상입니다.

대다수가 포토샵 등에 능숙함은 물론, 스마트폰 기본 카메라에도 보정 기능이 탑재되어 있습니다. 과거에 비해 기본적으로 비주얼 업그레이드가 손쉬워진 세상인 것입니다. 길거리에 포진되어 있는 드럭스토어에 붙은 포스터. 같은 여자가 봐도 반할 것만 같은 생기 가득한 예쁜 모델이 웃고 있습니다. 새로 나온 신인 걸그룹인가 싶어서 한 걸음 다가가 자세히 봅니다. 그때 깨알 같은 하단 글귀가 눈에 띕니다.

"본 이미지는 인공지능 기술을 통해 제작된 가상의 모델입니다."

실망감과 함께 순간 적잖은 소름이 돋습니다. 애초에 '입덕'조차 불가능한 가상의 인물이라니요. 또 그 가상의 인물이 가상으로 시연(?)한 화장품을 홀린 듯 살 뻔했다니 말입니다. 물론 AI로 구현된 모델이기에 그 색감과 발색도 한 치의 오차도 없이 정확하겠지만, 세상에 존재하지도 않는 인물에게 잠시나마 마음을 뺏겼다는 게 왠지 씁쓸합니다.

그러나 요즘 세대들은 정확히 알고 있습니다. 우리가 SNS에 자발적으로 전시하는 그 모든 것들은 앱, 보정 기술 등 수많은 과정을 거쳐 가공된 결과물이며, 현실과 판이하게 다르다는 것을. 업로드된 우리의 모습이야말로 로드숍의 포스터처럼 '각종 기술을 통해 제작된 가상의 모델'일지도 모릅니다.

하지만 이 같은 사실에 제가 조금이라도 씁쓸함을 느꼈다는 것은 바로 제가 기성세대라는 이야기입니다. 요즘 세대들에게는 이렇게 재가공된 결과물이 너무나 자연스러우며 죄책감을 유발하는 그 어떤 것도 아닙니다. 오히려 보기 싫고 못난 부분을 현명하고 센스 있게 가리는 꾸밈 능력이 있다고 인정하고 리스펙할 뿐입니다. 그리고 이 능력치가 높을수록 높은 팔로워 수를 보유할 수 있습니다.

포장은 정체성을 가리는 일입니다. 저는 출연자의 거주 공간을 필수적으로 노출해야 하는 관찰 예능 프로그램을 연출 중입니다. 본 촬영 시작 전에 제작진이 필수적으로 요청하는 사항이 있습니다. 바로 촬영 전에 집을 치우거나 인테리어를 새로 하지 말아 달라는 것입니다.

내가 사는 집이 전국 방방곡곡에 송출될 텐데 집을 치우지 말라니 황당할 수도 있습니다. 누구나 내가 사는 집이 깔끔하고 예쁜 상태로 방송되길 바랄 테니까요. 그간 미뤘던 인테리어를 이번 기회에 하겠다고 출연자가 아무리 우겨도 제발 '그대로 둬 달라'고 두 번, 세 번 요청을 드립니다. 많은 출연자들과 1차적 갈등이 시작되는 부분이기도 합니다.

그럼에도 저희 제작진은 양념통 하나 바꾸지 마시고, 입주 청소도 하지 말고, 늘 있던 대로 보여주길 요청드립니다. 이를 받아들이지 못하는 출연자는 아쉽게도 출연이 불가능합니다. 저희가 의도적인 꾸밈을 극구 반대하는 것은, 이 모든 것이 그 출연자 본연의 매력이자 정체성을 가리는 일이기 때문입니다.

저의 경우에 출연자 미팅은 꼭 거주지에 가서 진행하려고 하는 편입니다. 이는 단순한 집 구경이나 친목 도모를 위함이 아닙니다. 대신 그가 사는 민낯의 일상을 보고 그 안에서 시청자들과의 교집합이나 공감 포인트를 발굴해 내는 관찰 과정인 것입니다.

이를테면, 답사 때 과일을 제작진에게 통째로 내놓은 출연자가 있었습니다. 식탁 위에 접시도 없이 배 세 개, 사과 세 개가 통째로 덩그러니 있는 모습을 상상해보셨나요?

이 출연자는 지상렬 씨였습니다. 어릴 때부터 형수님 가족과 살고 있다 보니 집안 살림을 형수님이 도맡아 한 터라 본인은 정작 과일도 제대로 깎을 줄 모른다고 난처해했습니다. 그럼에도 손님을 대접하고 싶은 마음은 굴뚝같으니 종류별로 통째로라도 내놓은 겁니다. 그런 모습에서 형수님과 살아가는 그의 투박하지만 정 넘치는 일상을 짐작할 수 있었습니다. 하지만 문제는 그가 형수님 가족과 사는 일상 공개를 거절했다는 점입니다. 실제로는 그간 출연했던 예능에서 혼자 사는 싱글남으로만 대중에게 소개되었습니다.

그런 그를 1년 이상 끈질기게 설득했습니다. 그동안 거친 언행이 그의 개그 콘셉트였지만, 실제로는 따뜻한 가족 구성원으로서의 모습이 진짜 그의 정체성이라는 판단이 들었기 때문입니다. 실제로 부모님 이상으로 형수님과 가족을 사랑하고 희생하는 뜨거운 면모도 가지고 있었습니다. 그는 긴 고심 끝에 형수님 가족과 함께 사는 일상을 최초로 공개하기로 결심해 주었습니다. 그 결심의 이유도 형수님 내외가 방송 출연에 대해 긍정적으로 마음을 열고 받아들였기 때문입니다.

그간 독거인 이미지가 강했던 지상렬 씨의 반전 일상은 엄청난 화제를 모았습니다. 숙취로 하루 종일 고독하게 집에만 있을 것 같다는 인식이 많았던 그가 또각또각 도마 소리를 내며 형수님과 함께 분주히 준비한 아침 식사를 하는 일상이 참신하고 따뜻하다는 평이 대부분이었습니다. 그가 그간 숨겨왔던 진짜 일상과 민낯으로 정체성을 유감없이 드러낸 결과였습니다.

반면 입주 청소는 물론, 소품마저 완벽하게 데코해준 뒤 촬영하는 예능 프로그램도 있습니다. 비주얼적으로 아름답고 깔끔하게 보이기 때문입니다. 그러나 이는 브랜딩보다 마케팅 영역에 가깝다고 할 수 있습니다.

마케팅은 '제품을 보여주는 일'이지만, 브랜딩은 '사람을 남기는 일'이기 때문입니다. 제품을 효과적으로 보여주기 위해서는 꾸밈 과정이 반드시 필요합니다. 그러나 사람을 남기기 위한 브랜딩은 굳이 예쁘고 화려할 필요는 없습니다.

실제로 관찰 예능에서 사랑받는 출연자의 집들이 모델하우스의 그것처럼 마냥 정갈하지는 않습니다. 오히려 누렇게 바랜 베개가 긴 자취의 서글픔을 대변하기도 하고, 냉방시설 자체가 없는 옥탑방 생활에서의 어설픈 간이 풀장이 더욱 공감을 자아내기도 합니다.

저 또한 〈살림남〉을 소비하는 주 시청층은 꾸며진 모습보다 조금은 어설플지라도 사람 냄새나는 진짜 삶을 들여다보고 싶을 것이라고 생각했습니다. 무언가를 보여주기보다는 사람을 남기는 쪽을 주 기획 방향으로 택한 이유입니다.

스마트폰에 내장된 기본 카메라에도 보정 기능이 탑재되어 있을 만큼 '진짜' 투영된 피사체가 오히려 귀한 지금입니다. 기본적인 보정 없이 상대를 촬영하는 것이 오히려 무성의하다고 질타를 받곤 하니까요.

그러나 누구나 꾸미고 포장할 수 있다는 것은 진짜 미적 가치가 오히려 그만큼 없다는 말과도 같습니다. 무언가를 가리고 치장할 때는 애정보다는 불만이나 조바심이 그 정서의 기반을 차지하기 마련이기 때문입니다.

사랑하는 부모님 사진을 찍어드릴 때, 또 사랑하는 자녀의 사진을 찍을 때 열심히 보정하는 모습을 본 적이 있으신가요? 그들이 심미안에 전혀 관심이 없기 때문일까요?

그렇지 않습니다. 그들이 그 자체로 사랑스럽고 귀한 존재라는 것을 알고 있고, 진심으로 프레임 안에 담긴 존재 본연의 아름다움을 느끼기 때문입니다. 이들은 오히려 어설픈 꾸밈으로 사랑하는 대상의 정체성이 손상되는 것을 반대할 겁니다. 꾸미고 예쁘지 않아도 빛나는 것, 그것이 곧 진짜로 소명될 기획의 참소재입니다.

사람 기획 vs 마케팅

마케팅: 제품을 보여주는 일

→ 꾸밈과 연출이 필요 / 시각적 영역

사람 기획: 사람을 남기는 일

→ 화려할 필요 없음 / 내면적 영역

	목적	필요 요소	주 영역
마케팅	제품 전시	연출, 포장	시각적
사람 기획	사람 남기기	그대로 조명	내면적

보여주기보다
빛나게 하기

누군가를 예뻐 보이게 만들기 위해,
보이지 않는 구석까지 정성을 채웁니다.
카메라가 비추지 않는 순간에도 애정을 담는 사람들.
그 진심이, 결국 가장 오래 예쁘게 기억됩니다.

"그래야 예뻐 보일 것 같아요."

"좀 더 사람이 예뻐 보이는 구성은 없을까요?"

무조건 예.뻐.보.이.게.

매주 예능 제작을 하면서 회의나 시사회 때 가장 많이 등장하는 문장입니다. 마치 PD, 작가 모두가 출연자를 '예뻐 보이게' 만드는 데 혈안이 되어 있는 듯합니다.

사실입니다. 출연자의 때로는 예쁘지 않은 구석을 예쁘게 메이킹하고, 아름답지만은 않은 스토리를 다듬는 일이 주업무이기 때문입니다. 또 이것의 성공 여부에 따라 그 주 시청자 반응과 시청률이 결정됩니다.

예뻐 보인다는 것은 어떤 의미일까요. 사람을 관찰하고 사람을 주제로 만드는 콘텐츠이다 보니, 인간 특유의 나약함이 때로는 원동력이 되기도 하지만 기획에 큰 걸림돌이 되기도 합니다. 실제로 출연자가 특정 악플에 시달려 평소 진솔한 모습이 아닌, 설정된 가짜의 모습으로 일관하고 싶어 할 때도 있습니다.

복병은 리얼 관찰 형식의 구성이기 때문에 이러한 변덕스러운 모습들이 그대로 카메라에 담긴다는 점입니다. 이것을 기반으로 컷을 고르고 재배치하며 수정하는 것이 편집입니다. (때로는 제작진에 대한 험담의 순간도 그대로 담깁니다.)

사실 이 원본 전체를 보는 것은 꽤나 괴로운 일입니다. 정제되지 않은 어마어마한 날것의 소스가 물밀듯이 들어오는 일이기 때문입니다. 이때 출연자에 대한 미움까지 있으면, 이혼 직전의 배우자 얼굴을 24시간 보고 또 바라봐야 하는 것에 맞먹는 고통을 느낍니다. 그럼에도 제작진은 한 목표로 나아갑니다.

"예뻐 보이게 컷을 바꿉시다" 혹은 "예뻐 보일 수 있게 사나운 말투를 좀 잘라볼까요"라고 말입니다. 사실 촬영 원본이 그대로 송출된다면 애초에 빛나지 않던 사람들이 빛날 기회는 더더욱 줄어듭니다. 한 사람이 조명받기 위해서는 애정 렌즈를 장착하고 '예뻐 보이게' 만들려는 선한 의도를 가진 제작진의 집중적인 노력과 재가공이 필요하기 때문입니다.

여기엔 단순히 의무나 직업의식이 아닌, 출연자와 그의 삶에 대한 존중과 애정이 필요합니다. 제작진도 사람이기에 그 인물 자체에 매력과 애정을 느끼지 못하면 예뻐 보이게 만드는 일에 사력을 다하기 힘들기 때문입니다. 이는 수용자인 시청자에게도 고스란히 전달됩니다. 모두가 기꺼이 그 사람을 예뻐했는지 아닌지 단박에 알아차리는 이들이 요즘 시청자들이기 때문입니다.

| 틈새를 파고든 말장난 마케팅

44년 전인 1981년 명동.
단 네 명이 앉을 수 있는 2평 남짓한 공간에서 시작,
작년 기준 연매출 1,550억의 국민 브랜드

떠오르는 브랜드가 있나요? 바로 매운라면의 원조, '빨계떡'으로 대표되는 〈틈새라면〉입니다. '빨계떡'은 말 그대로 빨간 고춧가루와 계란, 떡국 떡의 줄임말로 매운 라면을 일컫는 대표명사로 인식되고 있습니다.

1981년 명동의 건물과 건물 사이 폭 약 45㎝ 정도의 공간을 비집고 들어가 문을 연 라면집 김복현 대표는 가난한 유년시절을 보냈습니다. 그러나 그 사업 철학만큼은 가난하기를 거부했다는 차이가 있습니다. 그는 "라면을 싸구려 음식으로 보는 시선에 오기가 생겼다"며 라면을 싸구려 인스턴트 제품이 아닌 요리로 승화시키리라 결심합니다. 실제로 26년 동안 라면 연구에만 집중하며 불의 세기, 물의 양, 고춧가루 배합까지 철저히 계산한 조

리법을 개발해냈습니다.

그의 영혼의 절반이 라면에만 집중되어 있었다면 그 나머지 반은 사람을 향해 있었습니다. 지금도 〈틈새라면〉 전 지점에 가면 수백 개의 낙서가 적힌 포스트잇이 벽면에 붙어있는 것을 볼 수 있습니다. 실제로 여러분 중에 '누구누구 왔다 감' 등의 글을 남겨본 기억도 적잖이 있을 겁니다. 비록 네 명이 쪼르르 앉아야 하는 비좁은 가게였지만 머무는 시간 동안은 이곳을 한 끼 때우는 곳이 아닌 '동아리방'처럼 여기길 바랐다는 김복현 대표. 실제로 동아리방에 가면 방명록이 늘 있습니다. 동아리에 대한 개선점을 쓰기도 하고 아무 관련 없는 낙서를 하기도 합니다. 그런 것들이 쌓이고 쌓여 동아리의 정체성과 동아리원들의 우정이 단단해지기 마련이죠. 실제로 김복현 대표는 벽면의 낙서뿐 아니라 틈새라면 만의 은어를 만들기에 이릅니다.

단무지 – 파인애플
휴지 – 입걸레
정수기 – 오리방석

노란 단무지를 파인애플이라고 부르고, 휴지걸이에

떡하니 '입걸레'라고 적어서 붙이고 정수기에도 '오리방석'이라고 적어둔 것입니다. 당시 손님의 일화를 살펴보면 "매운 라면 먹고 나서 서비스로 파인애플이라도 후식으로 주는 줄 알았는데 단단히 속았다"라고 기록해 둔 귀여운 항변도 볼 수 있습니다. 이곳을 찾는 손님들 간에 유쾌한 은어 문화를 만들어 그 순간만큼은 틈새의 일원으로 귀속시킨 것이죠. 또한 일자형 테이블에 네 명이 앉으면 그 누구도 지나다니기 어려웠던 식당의 구조상 종업원이 서빙을 하는 것이 애초에 불가능했습니다. 당시 넉넉지 않은 경제적 여건 또한 식당을 넓힐 수 없는 상황이었죠.

이에 김복현 대표는 '라면 전달 시스템'을 도입했습니다. 먼저 온 손님의 라면을 손님이 옆 손님에게 전달해 주는 것이죠. 이 과정에서 자연스럽게 초면인 손님들끼리의 대화와 친밀감이 형성되었죠. 이는 처음에 대표가 결심한 식당의 동아리화에도 큰 역할을 했다고 볼 수 있습니다. 직접 라면 그릇을 전달하며 쌓인 친밀감은 꽤나 커서 당시 '아저씨'라고 부르며 라면을 먹던 어린 학생들이 성인이 되고 나서도 동아리 선배 찾듯 많이들 찾아왔다고 합니다. 그 단골 중 한 명은 훗날 대표님의 아내가 되었다고 합니다. 김복현 대표는 2평 남짓한 이 공간에서

"인생을 만나고 아내를 만났다"며 감사를 연신 표현하기
도 했습니다.

가난한 상황
종업원조차 둘 수 없던 작은 평수의 가게
'라면'이라는 초라한 단일 메뉴

누구라도 불평할 수 있을 법한 명확한 한계들. 그러
나 오히려 좁아서, 또 가난한 라면이어서 더 뜨겁고 따뜻
할 수 있었던 틈새의 순간을 포착해낸 김복현 대표. 그 순
간이 눈물 나게 매울 만큼 진심이었기에 44년이 지난 지
금도 그 온기가 식지 않고 남아 있는 것은 아닐까요. 비좁
으리만큼 작은 틈에서 큰 흐름을 만든 것입니다.

**기획자의
메모**

<u>예뻐 보이게, 그러나 진짜로 남게 기획하기 3단계</u>

1. 대상을 '예뻐 보이게' 만들고 싶은 마음 갖기
→ 단순한 직업의식이 아니라 존중과 애정이 있어야
   가능.

2. 꾸밈보다는 태도에 집중
→ '예뻐 보이게, 진짜로 남게'하는 기획은 단순
   미화가 아니라 사람을 존중하는 태도 그 자체.

3. 진심이 담긴 연구와 경험 시도
→ 사람을 향한 진심에 집중. 일회성 손님을 동아
   리의 일원처럼 참여하게 만들고, 그들이 즐길
   수 있는 언어와 경험까지 섬세하게 설계.

◇ 예쁘게 오래 남는 기획의 본질은 가벼운 꾸밈이
   아니라 묵직한 진심이다.

플랫폼별 오래가는 사람의
공통점

———

대단한 이야기보다,
지극히 평범한 루틴에 사람들이 끌립니다.
그 속에 담긴 묵직한 외로움과
작은 진심이 우리를 움직입니다.

인스타그램을 해보며 느낀 감상이 있습니다. 지독하게 '외로운' 사람들이 '더 외로운' 사람들을 찾아내 위안을 받는 플랫폼인 것 같다는 생각입니다. 겉보기에는 나보다 좋은 곳에 가고, 좋은 옷을 입는 것 같지만 그 안에는 인간 특유의 지독한 외로움이 서려 있습니다. 이는 높은 조회수를 기록하는 영상들을 보아도 알 수 있습니다. 퇴근 후 샤워하고 집밥을 혼자 차려 먹는 릴스, 혹은 대량으로 산 식재료를 냉장고에 깔끔히 정리하는 루틴에 사람들은 열광합니다. 아무런 예능적 장치도 없고 설명하는 오디오도 없는, 일상 속 CCTV와도 같은 영상들입니다. 그냥 '탁탁', '쏴아' 하는 생활 소음만 존재할 뿐입니다. 이런 흘러가는 듯한 영상들을 사람들은 멍하니 보고 또 봅니다. 누군가의 일상 정취와 흔적을 끊이지 않게 보고 싶은 인간의 본능입니다. 이것이 인스타그램과 같은 일상 공유 SNS를 지속하게 합니다.

사람들을 움직이게 하는 것은 대단하지 않습니다. 오히려 초라할 정도로 작디작습니다. 3대 대형 엔터테인먼트가 맞붙어 참가자들을 선발했던 오디션 프로그램 〈케이팝스타〉. 여기에 다소 어울리지 않는 엔터테인먼트 대표가 있었습니다. 3대 대형 엔터테인먼트에 소속되지 않음은 물론, 우리 기획사는 '동네 빵집'이라고 스스로 명명하며, 심지어 아직 공사 중이라고 수줍게 이야기하던 뭔가 주눅 든 대표, 바로 안테나 뮤직의 유희열입니다.

그는 '음악은 기술이 아니라 태도다'라는 사명으로 출연자들을 대했습니다. 모두가 아마추어인 출연자들에게 칼처럼 냉혹한 심사평을 내뱉을 때 그는 "너는 이미 음악을 하고 있는 사람이다."라는 인정의 언어를 전했습니다.

실력이 설사 조금 부족할지라도 음악을 대하는 자세와 진심이 있다면 이미 '뮤지션'이라는 격려의 말이었습니다. 당시 가장 작은 규모의 회사였지만, 안테나를 택한 아티스트는 여전히 그곳에 남아 깊이 있는 음악을 들려주고 있습니다.

"그 사람 원래 착했어. 늦게 뜬 거야."

누군가 긴 무명의 시간 끝에 인기를 얻게 되면 방송 관계자들이 공통적으로 입을 모아 하는 말입니다. 나는 이미 오래전 그의 가치를 알았다는 듯, '그 사람 원래 좋은 사람이야'라는 말.

이는 입바른 말이 아닌 사실입니다. 늦게라도 빛을 봤다는 것은 그가 가진 선한 의도와 능력이 내재되어 있다는 말과도 같으니까요.

애덤 그랜트Adam Grant의 《기브앤테이크Give and Take》에서는 영업사원 실험을 진행합니다. 미국 노스캐롤라이나주의 영업사원들을 분석한 결과, 최고 실적을 낸 사람은 기버Giver, 즉 '주는 사람'이었습니다. 마음껏 퍼주는 이들이 실질적 이익을 따지는 테이커Taker와 매처Matcher보다 50% 이상 높은 성과를 기록한 것입니다. 테이커는 자기 이익만을 우선시해 신뢰를 잃었고, 매처는 나름 공정함에 포인트를 두었지만 관계 확장에는 한계가 있었던 까닭입니다.

반면 기버의 경우, 그의 도움을 받은 사람들이 다시 또 다른 기회를 제공하며 결국 영업력이 눈에 띄게 성장하게 된 것입니다. 흥부가 다리를 고쳐준 제비가 은혜를 갚으려 박씨를 물고 오는 그런 관계적 선순환이었다고도 할 수 있습니다. 이처럼 오래가는 사람은 누군가에게 진짜 도움을 주려는 선한 의도가 있습니다. 이를 콘텐츠에 투영해도 마찬가지입니다.

중고거래 플랫폼 하면 가장 먼저 떠오르는 당근마켓. 지역 기반 커뮤니티로 단순 중고거래 플랫폼을 넘어, 이웃과 연결되는 따뜻한 콘텐츠를 지속적으로 발행합니다. 예를 들면 '우리 동네 이야기', '이웃의 추천 장소', 또 '매너 온도' 등 지역 정서와 선한 소비자와의 연결이 당근마

켓 브랜딩의 핵심이자 기반입니다.

　단순히 퍼주는 것이 아니라, 때로는 나눔으로써 본인의 가치를 '온도'라는 형태로 올리고, 나아가 자기 효능감도 올리는 계기로 삼을 수 있습니다. 또 그 선한 행동을 보고 '나도 한 번쯤 해보고 싶다'는 생각을 갖게 되고, 이 과정이 반복되면서 커뮤니티의 선함은 은은하지만 멀리 퍼지는 들꽃 향처럼 확장됩니다.

| 따끔한 꾸짖음이 만든 밀리언셀러

　출판 시장의 불황이 무색하게, 무려 61쇄를 돌파하며 출간 2년 만에 101만 5천 부 이상을 기록한 책이 있습니다. 유명세를 누릴 만한데도 철저히 존재와 실명을 감추고 '세이노'라는 필명으로 활동하는 저자의 책《세이노의 가르침》입니다.

　심지어 저자는 청년들에게 실질적 깨달음을 주고 싶다는 명확한 방향성을 가지고 전자책을 무료로 공개했습니다. '공짜니까 한 번 읽어보자'라는 호기심어린 마음으로라도 젊은 청년들이 저자의 메시지를 들어주기를 간절히 바랐기 때문입니다.

아이러니하게도 전자책을 무료로 공개하자, 오히려 이를 무료로 읽은 후 감명받아 실물 소장 욕구가 생겨 종이책 구매로 연결된 소비자가 많았다고 합니다. 700페이지가 넘는 방대한 양의 책에는 첫 장부터 따끔한 꾸짖음이 가득합니다. 구석구석 뼈 맞는 느낌의 다소 아프지만 그만큼 날 선 정확한 조언들로 가득합니다.

저자는 조언에서 그치지 않고 "빚은 똥이다"라고 말하며, 본인이 겪은 부채의 처절한 고통에 대해서도 고백합니다. 이 같은 날카로운 조언과 신랄한 고백에 젊은 층들은 물론 대중의 마음까지 사로잡으며 밀리언셀러이자 스테디셀러가 된 것입니다. 여기에는 얼굴도 실명도 밝히지 않은 자산가로만 알려진 '세이노'라는 저자의 진심이 깔려 있었습니다.

기버Giver가 마냥 퍼주는 듯하지만, 그 선의를 몸소 느낀 이들이 또 다른 기회를 가져왔듯, 세이노의 무료 전자책 배포와 퀄리티 대비 저렴한 책값 책정이 오히려 그의 신뢰도를 높여주었고, 결과적으로도 오래가는 승리자로 만들어준 것입니다.

이 같은 기버와 세이노는 전부 손해를 보고 퍼주는 듯했지만, 결국 관계 자본을 쌓는 장기적 방향성을 가지고 있었다고 볼 수 있습니다. 기버는 그 자체로 가치 있는 정체성을 지니고 있으며, 타인에게 존중받는 존재가 되기 때문에 결국 사람들이 오래 기억하고 다시 찾는 대상이 되는 것입니다.

앞에서 언급했던 '원래 착했던 그 연예인'들이 자주 하는 말이 있습니다. 막내 스태프들에게 제일 잘해주어야 한다는 말을 그들은 늘상 습관처럼 합니다.

"막내 PD, 막내 작가한테 제일 잘해줘야 해. 금방 메인 PD, 메인 작가 될 사람들이니까."

농담처럼 말하지만, 사회적으로 가장 힘없고 나약한 존재일 때 그 존재를 알아주는 것만큼 힘이 되는 일은 없습니다. 약한 존재들에게 따뜻한 시선을 갖고 있다는 것만으로도 잠재적으로 긴 시간 성공할 내면의 그에게는 에너지가 있는 것입니다.

실제로도 그렇게 결국은 해내는 사람들을 곁에서 자주 보았습니다. 습관처럼 약자들에게 제일 잘해주라고, 곧 그들이 가장 높이 올라갈 것이라고 자기 주문처럼 되뇌던 사람들 말입니다. 어쩌면 타인에 대한 이야기를 핑계 삼아, 팍팍한 스스로의 삶에 스스로 불어넣는 작은 응원이었을지도 모르겠습니다.

그러나 그들의 태도처럼 인생의 많은 성공은 '무엇을 얼마나 아는가'보다 '누구를 진심으로 헤아리고 아는가' 에서 시작됨을 우리 모두는 알고 있습니다.

뻔한 스토리를 유일하게 만드는 한 가지

카메라는 단 한 대, 조명도 대본도 없다.
그런데도 사람들은 그 어색함에 열광하고,
그 서툼에 입덕합니다.
열악함을 포기하지 않았기에 유일무이해진 콘텐츠,
요즘 세대는 이미 그걸 '진짜'라고 부르고 있습니다.

2023년 tvN에서 방영되어 큰 사랑을 받은 예능 프로그램 〈콩콩팥팥〉. 이 프로그램에는 있는 것 한 가지와 없는 것 한 가지가 있습니다.

있는 것은 김우빈이라는 대배우, 없는 것은 최첨단 카메라 여러 대입니다. 김우빈, 도경수 등 영화판을 주름잡는 A급 배우들이 포진한 예능임에도 실제로는 단출한 카메라 두 대로 촬영한 것으로 알려졌습니다. CCTV 원캠으로 촬영하고, 부족한 타이트 샷들만 한 대로 보완한 정도로 굵직한 줄기는 카메라 감독도 없이 CCTV 한 대로 촬영했다고 봐도 무방합니다.

여러분이 연출자라면, 평생 한 번 있을까 말까 한 톱배우들과의 예능 촬영에 이렇게 초연할 수 있을까요? 아마도 없는 제작비를 끌어모아서라도 배우의 일거수일투족을 다 담을 정도로 촘촘하게 카메라 세팅을 하고 싶을 것입니다.

그러나 〈콩콩팥팥〉은 카메라 최소화는 물론, 그 한 대마저도 CCTV로 치환하는 무리수를 감행했습니다. 어쩌면 기획자 스스로 불편함을 추구하는 모양새입니다. 조악한 조명과 어색한 동선 등은 평소 기준대로라면 '로low 퀄리티' 그 자체이기 때문입니다.

해당 프로그램의 연출자는 '로 퀄리티의 진정성'을

선택했습니다. 오히려 "이게 맞아요?"라고 매번 황당해하며 묻는 배우들의 당황한 표정마저 예능적으로 리얼하게 담아낸 것입니다. 이런 거친(?) 연출 방식을 택한 이유에 대해 다음과 같이 설명했습니다.

첫 번째 이유는 다큐멘터리처럼 관찰자 시점을 유지하기 위해서, 두 번째 이유는 출연진이 실제로 '찐친'이었기 때문이라는 것입니다. 실제로 사적으로도 친한 출연자들이 일말의 카메라마저 의식하지 않고 즐길 수 있도록, 최소한의 장비만 사용한 것입니다. 쉽게 말해, 절친한 친구들이 사석에서 하는 행동과 대화들을 자연스럽게 담기 위한 영리한 전략이었습니다. 피사체를 잘 담아내기 위한 카메라를 오히려 파격적으로 걷어낸 기획자의 선택이 〈콩콩팥팥〉을 기존의 배우 예능과 다른 결로 만들어 냈습니다.

그 결과 주제 자체가 기존 예능과 크게 다르지 않음에도 불구하고 폭넓게 세대를 아우르며 사랑받았습니다.

특히 Z세대는 모든 요소가 갖춰진 정제된 콘텐츠보다, 소위 말하는 '병맛', 'B급 문화' 등이 담긴 비정형 콘텐츠에 열광하기 때문에 이 프로그램에 특히 반응했습니다. 흔들리며 급조된 듯한 날것의 컷과 저예산 감성의 명조 자막에 오히려 열광한 것입니다.

︱ 열악함을 유일함으로 전환시키는 기획자의 배포

보통 '열악함'이라는 단어에서 긍정적 요소를 발견하긴 어렵습니다. 열악함은 곧 곤궁한 현실을 대변하기 때문입니다. 그러나 다시 생각해 보면, 열악하다는 것은 여러 방향으로 가지를 뻗어낼 여력이 없다는 의미로, '유일함'에 가까워지는 지름길이기도 합니다.

예능 PD마다 원하는 프로그램에 대한 지망을 받던 때가 있었습니다. 당시 입사한 지 얼마 되지 않았던 저는 동기들이 택한 음악 프로그램이나 인기 주말 예능 대신 〈살림남〉에 가고 싶다고 말했습니다.

그때마다 다들 "〈살림남〉 같은 프로그램을 왜 지원해? 너 진짜 특이하다"라고 말했습니다. 굳이 따지자면 〈살림남〉은 저예산에, 트렌디하고 힙한 내용보다는 지지고 볶는 현실에 기반한 내용을 담는, 지극히 현실적인 프로그램이었기 때문입니다. 낮은 연차라면 높은 제작비를 운용하며 스타와 일하는 그날을 꿈꿔야 마땅한데, 제 선택이 조금은 이상하게 보였나 봅니다.

그러나 저는 〈살림남〉이 가난할지라도 '진짜'라서 좋았습니다. 오히려 열악하기에 나의 선택의 폭이 줄어들고, 그 안에서 더 치열한 고민을 할 수 있을 것 같았습니다. 가벼운 주머니로 장을 보러 간 그 옛날의 엄마가 콩나물값 몇백 원을 깎아와서 정성껏 만들어준 소박한 집밥의 냄새와 온기를 기억하기 때문일지도 모르겠습니다.

그즈음 〈나는 솔로〉를 연출한 남규홍 프로듀서를 만날 일이 있었습니다. 제작비에 관한 이야기를 하자, 본인 또한 늘 한정된 제작비에 시달려왔기에 아예 출연자를 기용할 때 제작비 한계를 두고, 그 낮은 예산안에 들어오는 출연진 안에서만 섭외를 한다고 했습니다. 그러다 상황이 점점 열악해지자 아예 출연료가 높은 연예인을 포기하고, 일반인 기반의 예능을 기획하다 보니 〈나는 솔로〉라는 포맷을 만들게 됐다고 말했습니다.

〈나는 솔로〉는 낮은 제작비와 열악한 환경에도 불구하고 엄청난 화제성을 모으고 있습니다. 당장은 불편하고 열악해도, 결국 나중에 대중이 '진짜'라고 느낄 그날을 겨냥해서 기획해 보세요.

"이게 맞아?"
"조명도 없이 달랑 카메라 한 대야?"
"대본도 없이 하라는 게 말이 되니?"

이런 출연자들의 항의성 질문들이 터져 나올 때, 기

획자는 소박하게 웃습니다. 그 불편함이 결국 콘텐츠나 브랜드의 톤이자, 소비자와 연결되는 감정의 실마리가 될 것을 내다보기 때문입니다.

오히려 여기서 출연자의 대찬 질문에 당황하는 기획자의 모습에서 시청자들은 이상하게도 공감과 연민을 느끼며 새로운 팬덤이 생성됩니다. 그만큼 요즘 세대들은 서툼과 성김에 그 어떤 세대보다 너그러우며, 그 안에서 매력을 발견하기 때문입니다.

'서툰 대사'가 오히려 유튜브 밈으로 퍼지고, '조잡한 컷'이 뜻밖의 공감 코드로 발전하며, '예측 불가능한 우당탕탕 진행'이 다음 회차와 성장을 기대하게 만듭니다.

진짜는 언제나 불편함의 시간을 통과한 뒤에야 비로소 빛납니다. 그 불 꺼진 무대 뒤에서, 다음 장면을 그리는 이들의 시선이 오래가는 이유도 바로 거기에 있습니다.

Chapter 4.

콘텐츠 뒤에
사람을 남기는 법

시청률보다
오래가는 것

———

좋은 기획은,
'빠르게'가 아니라 '오래도록' 남는 것입니다.
퍼포먼스는 사라지지만, 리듬은 남습니다.
그게 바로 공명이고, 브랜딩의 뿌리입니다.

말은 브랜드가 세상에 던지는 '표현'이고, 결은 그 표현이 어디서 왔는가를 보여주는 뿌리이자 지표입니다. 성공적인 브랜딩은 화려한 카피 한 줄보다 누적된 진심의 방향성에 의존합니다. 퍼포먼스는 화려하지만 일시적입니다. 금세 휘발되고 만다는 의미입니다. 그러나 리듬은 지속됩니다. 모든 연주가 끝나고 나서도 귓가에 맴돕니다. 그 리듬의 잔향이 소비자의 뇌리에 남는 순간, 브랜딩은 뿌리를 내립니다.

콘텐츠를 만들거나 브랜드를 구축할 때 일시에 사라지는 화려한 표현이나 퍼포먼스보다 사람들과의 '공명'을 만드는 일에 집중해야 하는 이유입니다.

"금요일 〈나 혼자 산다〉 시간대는 무조건 피해야 해."

예능 프로그램을 론칭할 때 가장 고심하는 부분이 편성 시간대 결정입니다. 새 프로그램이 최대한 많은 시청자들에게 사랑받을 수 있는 시간대를 찾기 위해 제작진 모두가 고심합니다. 인기 프로그램이 굳건히 터줏대감처럼 지키고 있는 시간대를 필사적으로 피해야 하는 것은 당연합니다.

대표적인 시간대가 금요일 11시 10분에 방영하는

〈나 혼자 산다〉 시간대입니다. 대부분의 예능 PD들이 그 시간대를 두려워하고 기피합니다. 〈나 혼자 산다〉가 시청률이 쉽게 떨어지지 않는 인기 예능 프로그램이기 때문입니다. 쉽게 말해 그 프로그램과 시청자 사이에 공고한 공명이 장기간 형성되었다고도 볼 수 있습니다. 〈나 혼자 산다〉는 혼자 사는 1인 가구를 정확히 타기팅했고, 그들을 '무지개 회원'으로 명명함으로써 그들을 외롭게 두지 않겠다는 명확한 어필 메시지를 보냈습니다.

〈나 혼자 산다〉는 그간의 타 예능 프로그램들이 범접 불가할 정도로 화려한 연예인의 삶을 조명했던 것과 달리, 어두컴컴한 원룸에서 근근이 살아가는 스타들의 모습을 과감 없이 담아냈습니다. 심지어 BGM과 효과음도 과감히 줄이고, 오히려 깊은 한숨과 오디오의 공백을 허용했습니다. 혼자 살아본 분들은 알겠지만, 침묵 혹은 무음과의 공존이 1인 가구의 실체이기 때문입니다. 외로울지언정 온전히 나로 만드는 그 고요한 침묵을 예능 프로그램에서 과감히 차용하기란 쉽지 않습니다.

조금만 오디오 공백이 생겨도, 웃음을 표방하는 예능 프로그램 제작자에게는 고문과도 같은 일이기 때문입니다. 그러나 1인 가구를 타기팅한 〈나 혼자 산다〉는 제작자의 입장보다는 이를 받아들일 시청자들을 섬세하게 상상하며 배려했습니다.

그 결과, 한 주를 마무리하는 금요일 야심한 밤에 고요한 날것의 콘텐츠가 퇴근 후 마주한 시청자들과 은밀한 공명을 형성하게 되었습니다. 이 공고한 공명은 한 번 형성된 이상 다른 것으로 대체되기 어렵습니다. 아무리 낡고 헤져도 한 번 안정을 느낀 애착 인형이나 담요를 다른 어떤 것으로도 대체할 수 없는 것과 같은 이치입니다. 이러한 콘텐츠와 소비자 간의 공고한 공명이 이루어진 시간이기에 아무리 거대한 제작비를 투입한 새 프로그램이 론칭되어도 이미 단단해진 리듬을 깨뜨릴 수 없는 것입니다.

누군가의 정제되지 않은 일상을 훔쳐보는 것이 흥행 공식이라는 확신이 생겼다면, 기획자 누구든 그렇게 하면 되는 것 아닐까요? 문제는 이런 날것의 모습, 쉽게 말해 민낯의 일상을 대부분 숨기고 싶어 한다는 점입니다.

가끔 인스타그램에 게시물을 올리려다 스마트폰 카메라가 반대로 켜져서 무방비 상태의 내 얼굴이 화면에 비칠 때가 있습니다. 초라한 몰골에 깜짝 놀라, 못 볼 것이라도 본 듯 황급히 창을 닫게 됩니다. 화려한 타인의 인스타그램 게시물과 내 민낯의 이질감과 간극을 견딜 수 없기 때문입니다.

데이트에서 개미 눈곱만큼 먹고 연신 배가 부르다던 청순한 여주인공이, 집에 와서 와구와구 비벼 먹는 양푼 비빔밥. 90년대 멜로물의 클리셰 같은 장면이었지만, 이보다 나약한 인간의 내면을 여실히 보여주는 장면이 없었기에, 아마도 지금까지 반복되고 있을지도 모릅니다. 누군가에게 필사적으로 잘 보이고 싶은 마음과 인간의 본능적 허기 사이의 충돌 말입니다.

콘텐츠 기획과 그 대상과의 인터뷰가 쉽지 않은 이유도 이 때문입니다. 이럴 때, 상대의 진짜 언어가 나오게 하는 방법들은 존재합니다. 저의 경우 기획 대상과 인터뷰를 할 때 주로 이렇게 묻습니다.

"당신의 절친은 당신을 뭐라고 부르나요?"

상대가 가장 친근한 사람을 떠올려 긴장을 풀게 하고, 그들끼리 나누는 대화나 언어로 이야기를 꺼내도록 유도하는 것입니다. 대화 내내 굳어 있던 상대도, 일상의 가장 큰 부분을 차지하는 친한 사람을 얘기하면 일단 미소가 나옵니다. 자신도 모르게 마음이 풀어진 것입니다.

간혹 지나치게 편안해질 경우, 그들끼리 쓰는 비속어를 쓰기도 합니다. "그 자식이 저한테 진짜 더럽다고 늘

놀려요"라며 개구지게 웃는 식이지요. 자신도 모르게 그렇게 말하고는 놀라기도 하지만, 기획자로서는 엄청난 성과입니다.

표면적인 대화로는 절대 나올 수 없었던 기획 대상의 일상 언어를 획득한 셈이기 때문입니다.

이러한 일상 언어는 상대의 삶을 간접적으로나마 체험하고 상상할 수 있도록 도와줍니다. 이는 콘텐츠 기획에 있어 엄청난 재료가 됩니다. 여기서 그치지 않고, 저는 기획 대상이 머무르는 일상 공간에 무조건 가보는 것을 추천합니다.

힘이 들더라도 인터뷰를 그곳에서 진행하는 것도 좋습니다. 꼭 거주지가 아니어도, 그 사람이 시간을 가장 많이 보내는 곳에 가서 대화를 나누면 전혀 다른 이야기가 펼쳐집니다.

누구라도 자신의 공간에서는 자신의 이야기를 하게 되어 있기 때문입니다. 낯가리는 어린아이들도 본인의 장난감 방 소개에는 열을 올리는 법입니다. "여기는 곰돌이가 있고요, 여기 안에는 엄마도 모르는데 슬라임들을 숨겨놨어요" 하는 식이지요. 여기에서 우리는 상대의 취향과 성향을 모두 직접 관찰할 수 있습니다.

〈살림남〉의 주요 출연자인 가수 박서진 씨 또한 미팅

내내 당시 딱히 특별한 취미도 흥밋거리도 없다고 했었는데, 막상 집에 가보니 흥미로운 물건들이 많았습니다. 피부를 희게 만들어주는 화이트 태닝 기계부터, 두 달 배우고 방치해 둔 피아노 건반, 이동식 사우나, 수십 권의 영어 초급 교재 등 방송에 녹일 수 있는 아이템들이 굉장히 많았습니다. 실제로 이것들은 그의 또 다른 매력을 보여주는 주요 소재가 되어, 높은 시청률을 기록하고 있습니다. 이런 직접 관찰이 주는 힘을 기획자는 늘 기억하고 유지하려고 노력해야 합니다.

말 vs 결, 퍼포먼스 vs 리듬

눈이 부실 정도로 한순간에 몰아치는 플래시 세례가 말과 퍼포먼스에 가깝다면, 추운 겨울 뿌연 입김이 나오는 골목길 끝에 은은하게 비추는 노포의 불빛이 결이 만드는 리듬과 닮아 있다.

낡았지만 변치 않고 자리를 지키는 우직함이 만드는 잔열의 따스함이 일순간이 화제보다는 긴 시간 콘텐츠 수용자와 기획자를 묶는 단단한 공명을 만들어줄 것이다.

	정의	콘텐츠 특징	기획 결과
말	세상에 던지는 표현	화려하지만 순간적인 한 줄의 카피	일시적으로 휘발
결	표현이 어디에서 왔는지 보여주는 뿌리이자 지표	누적된 진심, 방향성	장기적 정체성 형성
퍼포먼스	화려한 이벤트 및 연출 효과	강렬하지만 순간적	지속성 부족
리듬	지속적 울림	잔향처럼 오래 남는 공명	수용자의 장기적 애착 형성

익숙하지 않음은 언제나
좋은 신호다

————

우리가 살아가는 시장은,
즉시 반응하지 않습니다.
좋은 콘텐츠도, 좋은 사람도,
바로 빛나지 않을 수 있습니다.
그러니 더더욱 '오래 보는 힘'을
포기하지 않아야 합니다.

과거의 인기곡을 재해석해 경연을 펼치는 프로그램인 〈불후의 명곡〉. 이 팀에서 조연출로 일하다 보면 왠지 조금은 거만해지는 느낌이 듭니다. 프로그램의 성격 자체가 현재 높은 인기를 구가하는 이들보다는 지금은 잊혔지만 과거에 사랑받았던 인물들이 주요 출연자들이기 때문입니다. 그러다 보니 아무래도 자신감이 넘치는 모습보다는 다소 주눅 든 모습의 출연자들이 많습니다. 그런 출연자들을 매주 면대면으로 인터뷰하는 것이 〈불후의 명곡〉 조연출의 주요 역할입니다. 아무리 나이가 많은 출연자라도, 늘 연출자인 저를 공손히 대해주다 보니 '이런 대우만 받다가 자칫 거만해지면 어쩌지?'라는 우려 아닌 우려가 들기도 했습니다. 그 정도로 출연자 한 사람 한 사람에게는 〈불후의 명곡〉이 오랜만에 찾아온 간절한 방송 기회인 것입니다.

그중 잊을 수 없는 출연자가 있었습니다. 늘 연출자의 눈길을 얻으려는 출연자들 틈에서, 눈빛조차 쉽게 주지 않는 출연자가 있었습니다. 장구의 신 박서진 씨였습니다.

저는 유독 예외적인 인물에게 관심이 가는 성향이다 보니, 그에게 불쾌함보다는 신선한 호기심이 일었습니다. 추가 질문도 많이 시도해 보았지만, 어색한 대화는 쉽게 풀리지 않았습니다.

저와의 어색한 사전 인터뷰를 마치고, 본 무대에서 진행자인 신동엽 씨와 나누는 인터뷰를 지켜보고 있을 때였습니다. 예능 구력이 엄청난 신동엽 씨답게 다소 짓궂은 질문을 던졌습니다. 성형에 관한 질문이었죠.

"아유, 갈수록 얼굴이 예뻐지는데 무슨 비결이라도 있어요?"

그러자 박서진 씨는 어색함은 온데간데없이, 구성지게 손사래를 치며 대답했습니다.

"아유, 비결은 무슨~, 오기 전에 보톡스 몇 대 때려 맞고 왔지요."

그러자 진행자인 신동엽 씨는 물론, 관객석까지 그야말로 엄청난 웃음으로 꽉 찼습니다. 예능신 신동엽 씨마저 들어다 놓았다고 할 정도였습니다.

박서진 씨는 실제로 49일 간격으로 세상을 떠난 두 형과 어머니의 암 투병, 생활고로 인해 17세 때부터 고깃배를 타며 가수를 꿈꾸었던 분입니다. 이런 힘든 가정사로 마음의 상처도 크고, 여전히 사람을 대하는 것이 어렵고 낯도 많이 가리는 인물입니다. 그런 그가 신동엽 씨를 쥐락펴락할 정도로 재치 있는 답변을 하였다는 점이 매우 신선한 충격이었습니다. 예능계에서 손에 꼽는 대선배 앞에서 무언가를 시도한다는 것은 누구에게나 어려운 일이기 때문입니다. 성형에 관한 다소 짓궂은 질문이었지만, 이를 웃음으로 받아칠 수 있는 재치와 에너지 또한 매우 인상 깊었습니다. 누구라도 대외적인 자리에서 공격적인 질문을 받게 되면 그 자리에서 얼어붙기 마련이니까요.

그래서 저는 박서진이라는 인물을 향후 제 기획의 주인공으로 꼭 섭외하리라 마음먹었고, 〈살림하는 남자들 2〉라는 프로그램에서 실행에 옮겨 전체 예능 프로그램 중 시청률 2위라는 성과를 거둘 수 있었습니다.

보통 예상과 다른 반응을 감지하면, 본능적으로 방어적인 마음이 들기 마련입니다. 아무래도 사람은 익숙함에 마음을 여는 경우가 많기 때문이지요. 반대로 익숙하지 않으면 괜히 상대를 알기도 전에 미워하게 되는 경우도 있습니다.

그러나 기획자라면, 오히려 이 불편한 감정 자체가 엄청난 기획의 재료가 될 수 있음을 명심해야 합니다.

성공하는 사업자들이 성난 고객의 클레임을 '값진 공

짜 피드백'으로 받아들이는 것과 같은 이치입니다. 1차적으로는 불쾌할지도 모를 예외성을, 절호의 기획 소재로 전환해 받아들이는 것이 중요합니다. 그리고 인물에 대한 애정을 기반으로, 상대에 대해 찬찬히 관찰하고 접근해야 합니다.

| 사람을 오래 보는 힘

오래 보는 것은 본질적으로 괴로운 일입니다. '찰나 같은' 아름다움이라는 말이 존재하는 이유도 여기에 있습니다. 찰나처럼 잠깐 눈부신 것을 보는 데에는 분명 쾌감이 따르기 마련입니다. 눈부신 후광을 잠시 느끼고, 감탄하듯 소비하면 그걸로 족한 것입니다.

그러나 오래 본다는 것에는 단순히 엉덩이 힘만 필요한 것이 아니라, 생활형 네거티브를 견뎌내는 힘이 추가로 요구됩니다.

'생활형 네거티브'란, 잠깐 보았을 때는 전혀 느낄 수 없는, 가까이에서 직접 접하고 바라보아야만 느껴지는 것들입니다. 가령, 예쁜 디자인에 혹해서 샀는데 사용하다 보니 모터 소리가 꽤 시끄러운 전자제품들도 생활형 네거티브를 갖고 있다고 할 수 있습니다.

그러나 이것과 공존하고 살아가려면 이를 견뎌내야만 합니다. 단순히 시끄러운 모터 소음으로 치부하지 않고, 동일한 리듬으로 반복되는 그것을 백색 소음을 내는 동반자로 받아들여야 하는 것이지요. 모든 것이 완벽하지 않더라도, 그것이 나의 삶에 일말의 도움이 된다면 나 또한 작은 희생을 감수할 필요가 있는 것입니다.

오래 두고 보는 것 또한 결국 인내와 희생의 산물입니다. 그저 살아가기도 힘든 세상에서 굳이 인내와 희생을 왜 해야 하느냐고 반문할 수도 있겠습니다. 그러나 아무리 좋은 콘텐츠라도, 그 힘이 즉시 발현되지 않는 시장이 바로 우리가 살고 있는 세상이기에, 그 인내는 꼭 필요하기도 합니다.

뒤늦게 빛을 발한 콘텐츠들도 있습니다. 대표적으로 비의 〈깡〉과 유노윤호의 〈Thank U〉가 있습니다. 두 작품 모두 대중의 놀림과 조롱에서 시작되었다는 공통점을 갖고 있습니다.

두 뮤지션 모두 진심을 다해 만든 작품이었지만, 그들의 과도한 진지함은 뜻밖에도 대중의 조롱을 낳았습니다. 그러나 그들은 분노하거나 외면하지 않았습니다. 오히려 대중이 마음껏 더 놀 수 있도록 챌린지를 기획했고,

놀림을 시작한 이들을 직접 찾아가 콘텐츠를 함께 확장하기도 했습니다. 그러자 그 놀림은 오히려 밈이 되었습니다.

'1일 3깡'이나 '땡큐 챌린지' 같은 것들이 대표적입니다. 그 결과, 그들은 10대 팬층까지 확보하며 더 파급력 있는 스타가 되었습니다. 유노윤호 씨와 함께 일해본 이들이라면 잘 알 것입니다. 그가 가장 자주 하는 말은 다음과 같습니다.

"한 번만 더 해보면 안 될까요?"

아무리 감독이 만족하고, 모두가 잘했다고 해도, 고개를 저으며 애원하듯 그렇게 말합니다. "감독님, 제발 딱 한 번만 더 해보면 안 될까요?"라고. 아이러니하게도, 연예인을 말려야 할 지경입니다.

그러나 더 잘해보고 싶다고 하는데 어쩔 수 없습니다. 전 스태프들은 그를 응원하는 마음으로 또 지켜보고 기다립니다. 진심 어린 그의 태도에, 결국은 신뢰와 애정이 생길 수밖에 없기 때문입니다.

비의 〈깡〉과 유노윤호의 〈Thank U〉 모두 그렇게 탄생한 역주행 콘텐츠입니다. 그들의 집요한 진심이 담겼기에, 발매했던 당시에는 빛을 보지 못했더라도, 약 4년이 지난 후에 다시금 재조명받을 수 있었던 것입니다. 그들의 무거운 노력을 가볍게 놀리는 듯한 그 모든 반응들이, 실제로는 유쾌하지 않았을지도 모릅니다.

그러나 진심을 다해 작품을 만들었던 것처럼, 그에 대한 피드백 또한 내면 깊이 체화하며, 결국엔 더 오래 두고 볼 수 있는 콘텐츠로 만들었다는 점은 인정하지 않을 수 없습니다.

오래 두고 본 결과, 그들은 더 오래가는 사람이 되었습니다. 오래 보는 것의 힘입니다.

SNS에선 캐릭터,
현실에선 사람

———

완벽하게 꾸민 캐릭터보다,
불완전해도 살아 있는 사람이 더 오래 기억됩니다.
결국 오래 마음에 남는 것은
불완전하더라도 솔직하게 살아 있는 사람입니다.

디즈니랜드에서 인형탈을 쓴 직원들. 디즈니는 그들을 '직원'이라 부르지 않습니다. 대신 '퍼포머' 혹은 '배우'라고 명명합니다. 디즈니 퍼포머Performer들은 실제로 오디션을 통해 선발되며, 연기·움직임·표정 등을 전문적으로 훈련받습니다. 심지어 캐릭터별로 걸음걸이, 손짓, 말투까지 세세하게 정해져 있지요. 쉬는 시간에도 그 외양이 흐트러져서는 안 됩니다. 디즈니는 디즈니랜드에서의 일관된 세계관 유지를 핵심 가치로 보기 때문입니다.

밈처럼 떠도는 '놀이동산 탈을 쓴 알바생이 무대 뒤에서 담배를 피우는 모습' 같은 일은 디즈니에서는 결코 허용되지 않습니다. 주 고객인 아이들의 환상을 지키기 위해, 캐릭터가 현실과 섞이지 않도록 철저히 차단합니다. 디즈니랜드 내에서는 그 어떤 인간적인 실수도 허용되지 않는 것입니다.

그런데 문제는, 이러한 셀프 훈련이 이제는 디즈니랜드 밖에서도 자행되고 있다는 데 있습니다. 우리는 디즈니의 퍼포머가 아님에도, SNS나 콘텐츠, 혹은 셀프 브랜딩 속에서 우리 자신을 스스로 규정하고, 그 틀에 기꺼이 끼워 맞추는 삶을 살고 있습니다.

여행을 갔을 때를 한번 상상해 보세요. 며칠간 스마트폰의 카메라 기능 없이 해외여행을 할 자신이 있나요?

어느 유명 여행지를 가든, 풍경을 눈에 담기 전에 우리는 일단 스마트폰을 들고 사진이나 동영상으로 그 순간을 기록합니다. 사진첩은 이미지 파일이 타일처럼 빽빽하게 채워지다 못해 환공포증을 일으킬 만큼 복잡합니다. 저장 용량은 무한 증식하고, 그 픽셀들은 점점 더 잘게 쪼개집니다. 그중에서도 누군가의 부러움을 살 만한 콘텐츠만이 SNS에 올릴 '적합 판정'을 받습니다.

어떤 이들은 여행지에서 촬영을 하자마자, 문화유산을 등지고 앉아 바로 편집과 보정에 들어갑니다. 유명 여행지에서 노트북이나 스마트폰으로 편집 작업을 하는 사람들을 어렵지 않게 발견할 수 있습니다. 그분들이 전문 편집자나 여행 유튜버일까요?

그렇지 않습니다. 저희와 같은 평범한 삶을 사는 이들입니다. 그런데도 힘들게 모은 용돈으로 떠난 여행지에서조차 깊은 감상보다는, '선先 업로드', '즉각 피드백'을 선택합니다.

수많은 팔로워를 거느린 이들은 더 심합니다. 온라인상 팬들에게 어필하기 위해 수백 장의 사진을 찍고, 보정하고, 심지어는 여행지에서 라이브 방송까지 켭니다. 그럴만한 기분이 아니었을지라도 상관없습니다.

'퍼스널 브랜딩'이라는 명목 아래, 하루에도 몇 번씩

자신을 스스로 조율하고 연기해야 하는 삶. 진심이나 감정은 잠시 뒤로 밀어두고, '보여줄 만한 나'는 어떤 모습인가를 고민하고 꾸밉니다. 조금이라도 없어 보이거나 초라한 장면들은 재빠르게 프레임 밖으로 제거됩니다.

프레임 안에는 고르고 골라낸 것으로 만들어가야 합니다. 어차피 보는 사람들은 그것만 보기 때문입니다.

| 서로 증명해야 하는 세상

얼마 전, 한 연예인이 휴가지에서 찍은 수영복 사진을 SNS에 업로드한 일이 있었습니다. 그녀는 단순히 한 장의 사진을 공유했을 뿐인데, 많은 이들이 '보정을 한 것 같다'며 비판하기 시작했습니다. 예전부터 가식적이었다는 말까지 덧붙이며, 조롱 섞인 반응이 이어졌습니다. 기분 좋게 떠난 휴가지에서의 소소한 게시물 하나였을 텐데, 마음이 상하지 않을 수 없었겠지요.

너무 억울했던 그녀는, 남편이 찍어준 동영상을 '증거'로 재업로드했고, "보정이 아닌, 어머니가 물려주신 몸"이라는 해명성 댓글까지 달아야 했습니다. 그녀가 휴가에서 원했던 것은 가족들과의 소중한 시간을 보내는 일이었을 것입니다. 하지만 지금은 단 한 장의 사진에도 팔로워들의 '진실 요구'를 받아야 하는 아이러니한 세상입니다. 서로에 대한 의심과 불신, 그리고 검열의 시선이 꼬리를 물며 이어지는 이 피로한 상황은, 그리 낯설지 않으실 겁니다. SNS가 일상이 된 지금, 이런 일은 우리 모두의 일상 속에서도 제법 자주 일어납니다.

우리는 감정을 느끼는 존재입니다. 브랜드 또한 마찬가지입니다. 때로는 망가지고, 때로는 다치고, 회복하는 유기적이며 살아있는 존재이죠. 그 어떤 퍼스널 브랜드도 완벽할 수 없습니다. 상황에 따라 변화하기 마련이지요.

우리는 모두 그런 한계점을 알고 있으면서도, 그 취약함을 약점으로 인식하고 서로를 공격하거나 상처 주는 데 사용합니다. 그러나 사람은 콘셉트가 아닌 존재입니다. 수많은 맥락 속에서 울고 웃고, 계속해서 변해가는 존재입니다.

어린 시절, 인간의 '한계'에 대해 진지하게 고민한 적이 있습니다. 예를 들어 자동차는 휘발유만 넣어주면 몇 백 킬로미터를 거뜬히 달릴 수 있지만, 사람은 수시로 밥도 먹어야 하고, 물도 마셔야 하고, 더우면 그늘도 찾아야 합니다. 참으로 한계가 많고 나약하다는 생각이 들었습니다.

결국 고민 끝에 깨달은 건, 인간은 타인의 도움에 기대며 살아갈 수밖에 없는 존재라는 사실이었습니다. 실제로도 전염병이 창궐한 때를 제외하면, 인류는 역사적으로 늘 집단을 이루며 살아왔습니다. 서로의 한계점을 보완하며 살아가는 방식이 인간만의 생존 전략이자 삶의 지혜였겠지요.

　　A가 없는 것을 B가 채워주고, 또 다른 C가 보완해주는 방식으로 우리는 살아갑니다. 우리가 살아가는 이곳은 걸음걸이 하나까지 콘셉트로 정해진 디즈니랜드가 아니라, 진짜 삶이 펼쳐지는 살아 있는 '랜드Land', 땅이기 때문입니다.

기획자도 존2로 달려야 하는 시대

기획자는 러너가 아니라,
리듬을 연주하는 사람입니다.
너무 빠른 템포는 금방 질리고,
너무 느리면 누구도 따라오지 않죠.
결국 살아남는 기획은,
정확한 박자보다 '공기의 타이밍'을 듣는 감각입니다.

러닝이 대세 중의 대세인 요즘, 여의도공원을 가든 남산을 가든—과장을 조금 보태면—열 명 중 여덟 명은 달리고 있습니다. 걷거나 산책을 하던 이들도, 주변을 스쳐 지나가는 러닝크루들의 성화에 왠지 모를 압박감을 느낄 정도로 러닝 열풍이 거세죠.

그중에는 붙잡을 수도 없을 만큼 빠른 속도로 달리는 이들이 있습니다. 복장 또한 일말의 속도 손실도 용납하지 않겠다는 듯, 고글을 비롯한 각종 최첨단 아이템을 완벽히 착용하고 있습니다.

반면, "저게 뛰는 건가?" 싶을 만큼 눈에 띄게 느리게 달리는 사람들도 있습니다. 바로 '슬로 조깅족', 이른바 존2 ZONE 2 운동을 꾸준히 실천하는 이들입니다. 존2 운동이란 낮은 심박수 구간을 일정하게 유지하며 심폐 지구력을 키우는 운동법으로, 쉽게 말해 '더 빨리 달릴 수 있어도 의도적으로 속도를 줄여 뛰는 것'입니다.

해본 사람이라면 압니다. 가능한 속도보다 일부러 느리게 뛰는 일이 오히려 더 어렵다는 것을요.

그런데 흥미로운 것은, 전력 질주보다 느린 달리기가 체중 감량이나 체력 증진 면에서 훨씬 더 효과적이라는 연구 결과가 많다는 점입니다. 느린 속도로 뛰면 호흡이 안정돼 부상의 위험이 낮고, 다음 날 회복력도 높다고 합니다. 그래서일까요? 최근 들어 '존2 운동 붐'이 일고 있습니다. 이 느린 달리기의 가장 큰 장점은 내면의 리듬에 집중하며 오랜 시간 지속할 수 있다는 것입니다.

서두르지 않고 몸을 천천히 데워가며 자신을 알아가는 시간, 그것이 바로 존2의 본질입니다. 결국, 전속력으로 불태우는 러닝보다 천천히, 그러나 꾸준히 나아가는 러닝이 더 멀리 갑니다. 느린 말처럼, 속도는 뒤처질 수 있어도 방향이 올바르다면 결국 목적지에는 가장 먼저, 그리고 부상이나 손실 없이 도달할 수 있는 사람이 되는 것입니다.

"그 프로그램은 몇 개짜리예요?"
"일단 여덟 개짜리인데, 시청률 3%는 넘어야 계속 가죠."

예능 프로그램을 기획하는 현장에서 흔히 오가는 대화입니다. 이때 "몇 개짜리냐"는 질문의 '몇 개'는 프로그램의 회차 수를 의미합니다. 제작비의 한계와 트렌드 반영 등의 이유로, 최근 예능 콘텐츠는 처음부터 '영원히 가는 프로그램'을 상정하지 않습니다. 보통 한 시즌에 8회에서 12회 정도를 편성하고, 흥행 여부에 따라 존속 여부를 결정하는 형식이 일반적입니다. "3%는 넘어야 계속

간다"는 말에서 3%는 시청률을 뜻합니다.

즉, 8회짜리 예능이라면 여덟 번의 기회 안에 시청률 3%를 넘겨야 그 프로그램이 살아남을 수 있다는 의미입니다.

이에 대해 "기회를 너무 적게 주는 것 아니냐"는 내부 반발도 있지만, 요즘은 그보다 더 빠르게, 예고 없이 막을 내리는 경우도 적지 않습니다. 정해진 기간 안에 빠른 속도로 성과를 내야 하는 현실—그것이 오늘날 기획자들이 겪는 가장 큰 비애이기도 합니다. 기획자는 전속력으로 달려 수치로 증명해야 하는 러너와도 같습니다. 하지만 흥미로운 점은, 기획의 세계에서는 늘 1등 러너가 승기를 잡는 것은 아니라는 것입니다.

│ 일일이 댓글 다는 마케터

배달의민족과 네이버를 거쳐 '영감노트'로도 잘 알려진 마케팅 전문가 이승희 씨는 일일이 댓글을 다는 사람으로 유명합니다. 고객이 SNS나 게시판에 글을 남기면 모든 댓글에 하나하나 직접 답을 달고, 그녀 자신도 인상 깊은 콘텐츠나 영감을 주는 게시물에는 꼭 댓글로 소감을 남깁니다. 실제로 댓글을 다는 일은 감정 소모가 큰 일입니다. 그럼에도 그녀가 이 일을 꾸준히 이어가는 이유는 무엇일까요?

그녀는 누군가의 콘텐츠에 진심 어린 반응을 남기는 일이 작은 응원이자, 또 다른 연결의 시작이라고 믿기 때문입니다. 실제로 그녀는 이렇게 말했습니다.

"댓글을 달면서 나도 콘텐츠의 일부가 된 것 같았어요."

댓글은 단순한 반응이 아니라, 자신의 존재를 드러내는 방식이자 세상과 연결되는 창구였습니다. 일일이 댓글을 다는 일은 느릴지라도, 대중과의 소통이라는 명확한 방향성을 가진 꾸준한 걸음이었습니다.

그리고 무엇보다 그녀는 '영감'을 중심으로 한 대화를 진심으로 즐겼기에 성과 또한 자연스럽게 따라왔습니다. 진심의 소통을 거부할 사람은 세상 어디에도 없기 때문입니다. 좋아하면, 누구나 어떻게든 선물을 주고 싶어집니다. 이승희 마케터 또한 자신이 애정을 느끼는 대중에게 '피드백'이라는 느리고도 작은 선물을 건네고 싶었을지 모릅니다.

저 또한 어린 시절, 좋아하는 가수에게 선물을 주고

싶었습니다. 다만 어린 나이였기에 경제적 여유도, 경험도 부족했습니다. 그래서 고안해 낸 선물은 고작 몇백 원짜리 과자 한 상자였습니다. 그 과자는 당시 제게는 세상에서 가장 맛있고, 무엇보다 제 자신을 행복하게 해주는 최고의 선물이었습니다. 그 설레는 마음을 나누고 싶어 과자 상자 안에 꾹꾹 눌러 쓴 편지를 함께 넣었습니다. 그 순수한 확신이 저를 자라게 했고, 결국 예능 PD가 되었습니다.

그리고 20년 뒤, 그때 과자를 받았던 사람과 실제로 함께 일하게 되었습니다. 그 사람이 바로 젝스키스의 리더, 은지원 씨입니다. 그는 웃으며 이렇게 회상했습니다.

"그때 학생 팬들이 준 과자를 너무 많이 받아서 포장을 풀어보지 않아도, 흔들어보기만 하면 어떤 과자인지 맞출 수 있을 정도였어요."

그리고 덧붙였습니다.

"그런 순수한 팬들의 응원 덕분에 지금까지 30년 가까이 활동할 수 있었던 것 같아요."

과자 상자를 건넸던 느리고 작은 진심, 그때는 답을 듣지 못했지만 30여 년이 지나 피드백은 결국 돌아왔습니다. 느려도 결국, 피드백은 도착합니다.

기획도 마찬가지입니다. 당장 답답하고 묘안이 없는 것 같아도, 당장 눈에 보이는 성과가 없더라도 관계와 내공은 보이지 않는 먼지처럼 켜켜이 쌓여갑니다. 소리도 냄새도 없지만, 분명히 쌓이는 그것처럼요. 또한 애정을 기반으로 한 기획은 누군가 카피할 수도, 훔쳐 갈 수도 없는 영역입니다. 내가 뚫어지게 대상을 관찰하고 얻은 확신을 재료로 한 기획이기 때문입니다.

기획에도 '페이스 조절'이 필요하다

기획에 적합한 영역은 둘 중 어느 쪽일까? 높은 지속 가능성을 기반으로 실패 위험 없이 성장하는 기획에 시선을 두자. 일시적인 이목은 휘발되지만 견고한 마음을 얻는 일은 느릴수록 더욱 단단해진다.

	고강도 달리기(=속도)	존2 달리기(=방향)
목적	기록 단축, 경쟁	지구력, 회복력 획득
부상 위험	높음	낮음
지속 가능성	낮음	높음
최종 효과	이목 끌기	마음 얻기

튀지 말고 반걸음만
앞서세요

———

스쳐가는 유행은 천만 원짜리 스커트 같고,
오래가는 가치는 만 원짜리 흰 티와 같습니다.
어떤 옷을 입을지에 대한 선택이
곧 기획이자 브랜딩입니다.

스팽글이 주렁주렁 달린 천만 원대 명품 스커트

vs 만 원짜리 흰 티

평생 단 하나만 입을 수 있다면, 어떤 옷을 선택하시겠습니까? 물론 천만 원이 훌쩍 넘는 명품 옷에 대해 본능적인 호기심은 누구에게나 있을 것입니다. '혹시 감촉이 다를까?', '핏이 뭔가 특별할까?' 같은 궁금증이 생기기 마련이지요. 만약 인생 일대의 이벤트가 있다면, 한 번쯤 입어보고 싶은 마음도 들 것입니다. 사진으로 찍혔을 때, 빛나는 순간이 프레임에 고스란히 담기니까요.

하지만 '평생 입는다'는 조건이라면, 대부분 어디에나 무난하게 어울리고 편안한 흰 티를 선택할 겁니다. 화려함은 잠깐이지만, 우리의 일상은 길고 반복되기 때문입니다.

이처럼 반짝임은 순간이며, 지속성은 방향입니다. 브랜딩의 목적 또한 일시적인 반짝임에 머무는 것이 아니라, 큰 방향을 바꾸며 나아가는 일입니다. 한순간 스파크처럼 화제를 일으키고 사라지길 바라는 기획자는 없으니까요. 심지어 짧은 기간만 운영되는 팝업 스토어조차도 결국은 브랜드 인지도를 장기적으로 끌어올리기 위한 전략이기도 합니다.

대부분의 사람들은 반짝임에 현혹됩니다. 심지어 그것이 찰나에 불과하다는 사실을 알고 있어도 말이죠. 예를 들어, 단 몇 초 만에 기분을 바꿔주는 달콤한 디저트. 그 달콤함은 짧고, 이내 식곤증이나 혈당 스파이크 등 각종 문제를 가져온다는 걸 알아도 그 찰나의 행복을 거절하기란 쉽지 않습니다.

반면, 지속적인 가치를 향한 시선은 훈련이 필요한 일입니다. 그건 인간 본능에 탑재되어 있지 않은 능력에 가깝기 때문입니다.

'2026년에도 우산을 쓰고 다니다니.'

진지하게 의문을 품었던 부분입니다. 노스트라다무스가 지구 종말을 예언했듯, 2000년이 넘으면 그야말로 세상이 상전벽해桑田碧海할 줄만 알았습니다. 자동차는 날아다니고, 우주 정거장도 생기고 말입니다.

그러나 2000년이 되고도 30년이 다 되어가는데, 우리의 일상은 크게 달라지지 않았습니다. 여전히 비가 오면 이 한 몸 가리기 위해 낑낑대며 우산을 들고 다닙니다. 2026년이면 최소한 몸에 자기장이나 특수 레이저가 방출되어 빗방울을 튕겨내 방수 효과를 주는 무언가가 나

올 줄 알았는데 말입니다.

2026년에도 비 오는 날에는 장화를 신고 우산을 쓰고, 혹시 빗물이라도 튈까 봐 종종걸음으로 걷습니다. 굳이 차이점을 찾자면, 장화의 디자인이 세련되고 유명한 장화 브랜드가 생겼을 뿐입니다. 우산도 방수 기능이 개선되고, 빗물이 고일 수 있게 거꾸로 접히는 우산 정도가 나왔을 뿐입니다.

밥도 마찬가지입니다. 한 알로 모든 영양과 허기를 채울 수 있는 알약이라도 하나쯤은 나올 줄 알았습니다. 그런데 여전히 주식은 밥이고, 그 밥이 즉석밥으로 나오고, 다이어트를 위한 곤약밥 등으로 발전됐을 뿐입니다. 기본적인 뼈대는 그대로인 것이지요.

과연 기술력이 부족하고 인간의 창의성이 빈약해서 여전히 우리는 장화를 신고 우산을 쓰고, 즉석밥을 데워서 허겁지겁 먹는 것일까요? 심지어 발전해도 모자랄 것 같은데, MZ들은 과거에 어른들이 제사상에나 올리던 약과를 '약케팅'(약과 + 티케팅의 합성어로, 인기 있는 수제 약과를 구매하기 위해 티케팅처럼 경쟁적으로 구매하는 현상)까지 해가면서 구해 먹습니다. 전부 과거로 회귀하고 싶은 움직임들인 걸까요?

이 모든 것은 찰나에 현혹되는 가벼운 시선이 아니

라, 오래 존재하는 것들에 대한 인간 본연의 향수와 애정입니다.

어린 시절, 제삿날 집어 먹던 약과 한 조각의 기억이 '약케팅'을 만들고, 그것을 사랑하는 마음이 '촌스러운 것'이 아니라 '따뜻하고 사랑스러운 귀한 것'이 되는 겁니다.

냉기가 팡팡 도는 백화점보다 냉방 시설이 부족한 시장에 스타벅스 같은 기업들이 선제적으로 입점하는 것도 같은 이치입니다.

오래된 것에 애정 어린 시선을 두는 것이 곧 경쟁력이 되는 세상이 되었기 때문입니다.

너무나 많은 것들이 일시에 출력되고, 일시에 증발됩니다. 만들어내는 것이 너무도 쉬워졌기 때문입니다. 물건은 3D 프린터로, 문장은 챗GPT로 얼마든지 만들어집니다. 심지어 꽤 그럴싸하게 나오기도 합니다.

생산량이 많아진 만큼, 사장되는 것들도 그만큼 많아졌습니다. 웬만큼 관심을 끌지 못한 것들은 사라졌다는 사실조차 알리지 못한 채 휘발되듯 사라집니다. 오래 남아 있는 것이 더 큰 가치를 지니게 된 이유입니다.

"이렇게까지 오래 살아남은 데는 이유가 있겠지."

Chapter 4.

이제 이 판단은, 꽤 공신력이 있다는 것에 모두가 고개를 끄덕이는 시대입니다. 그것이 브랜드든, 사람이든 마찬가지입니다. 오래 살아남은 것에 대한 참된 인정.

그렇다면, 오래 남아 있는 것들의 공통점은 무엇일까요? 일단, 모두 눈치가 굉장히 빠르다는 점입니다. 눈치가 빠른 사람의 특징은 자기 객관화 능력이 탁월하다는데 있습니다. 누군가 눈살을 찌푸리기 전에 스스로 멈출 줄 압니다. 공기의 변화를 기민하게 감지하는 것이지요. 누군가가 불쾌함을 느끼기 전에 멈추고, 수정하고, 물러설 수 있는 것. 그것만이 오래 상처받지 않고 존재할 수 있는 제1의 비결입니다.

이를 위해선, 이전에 없던 새로운, 임팩트 있는 것을 해내려는 강박을 버려야 합니다. 지나치게 새로운 것은 모두에게 불안과 불편을 야기합니다. 노스트라다무스가 종말을 예견했던 것과 마찬가지입니다. 1999년 7월, 지구가 사라질 것이라는 선언은 정말 새롭고 임팩트 있는 말이긴 했습니다. 그러나 실제로는 아무 일도 일어나지 않았고, 노스트라다무스에 대한 신뢰만 사라졌습니다.

지구 종말론과 비슷한 시기였던 1998년, 등장한 사이버 가수 아담. '사이버 가수'라는 점은 당시로선 매우 새로웠지만, 한순간의 이슈만 남기고 여러 한계점들과 함께 사라졌습니다. 인간을 어설프게 닮은 캐릭터는 오히려 불쾌감을 유발하는 '불쾌한 골짜기 현상'(로봇이 인간을 어설프게 닮을수록 오히려 불쾌함이 증가한다는 현상)까지 불러왔습니다. 실제로 아담은 입 모양을 몇 분간 움직이게 하는 데도 수억 원이 들 정도로 기술적 한계가 분명했다고 합니다.

무엇보다, 대중에게 노래로 행복을 전하는 '가수'라는 본질을 애초에 수행할 수 없는 그야말로 '새롭기만 한' 존재였던 것이죠.

이러한 일시적 화제와 휘발을 막기 위해서는 너무 튀지 않고, 눈치껏 반 걸음만 앞서가는 전략이 필요합니다. 완전한 새것something new에 대한 집착을 내려두어야 합니다. 비를 피하기 위해 존재하는 우산의 본질을 잊지 않고, 실내에서 우산의 빗물이 떨어지지 않게 고안하는 정도의 반걸음 차이, 그 정도면 충분한 지속 가능한 차별성이 됩니다.

**기획자의
메모**

<u>조용히 오래 가는 기획법</u>

◇ 일상은 길고 반복된다.

◇ 반짝임은 순간이며 지속성은 방향이다.

◇ 오래된 것에 애정어린 시선을 두는 것이 경쟁력이다.

◇ 누군가 불편하기 전에 눈치껏 바꿔보자.

◇ 세상에 없던 새로운 것은 오히려 불편하다.

◇ 한 걸음이 아닌 반걸음 차별성을 추구하자.

한 사람의 '미래'를
기획하는 일

———

사람은 언제나 자신의 현재보다 미래가 궁금합니다.
기획자는 그 막연한 궁금함에
선명한 가능성의 얼굴을 붙이는 사람입니다.
"당신은 이렇게도 보여질 수 있어요"라고
다정하게 상상해주는 것,
그것이 우리가 말하는 '미래 서사 기획'입니다.

인간이라면 누구나 내가 미래에 어떻게 될지 궁금해합니다. 아무리 기술이 발전하고 AI 시대가 도래해도, 용한 점집은 여전히 문전성시를 이룹니다. 심지어 챗GPT에 생년월일시를 넣으면 용하게 사주 풀이를 해준다는 인증 후기도 넘쳐납니다. 챗GPT마저 기꺼이 점쟁이로 만들려는 인간의 본능이지요.

이는 기획을 할 때도 마찬가지로 적용됩니다. 아무리 현재 엄청난 인기를 구가하는 스타라도, 어떤 콘텐츠를 통해 '미래의 내가 어떻게 보이게 될지'에 대한 미래 서사에 가장 큰 관심을 둡니다.

기획을 앞두고 있다면, 대상의 현재가 아닌 미래에 더 중점을 두어야 하는 이유입니다. 그런 기획자만이 모두의 마음을 얻을 수 있습니다. 기획에서의 미래 서사는 아래 네 가지 방법으로 나뉩니다.

- 회복형: 과거의 이미지를 다시 회복하고 싶은 사람
  (예: 잊혀진 스타)

- 확장형: 본업 외 새로운 모습을 보여주고 싶은 사람
  (예: 스포츠선수 → 가족 예능)

- 변화형: 지금의 틀에서 벗어나 새로운 정체성을 갖고 싶은 사람
  (예: 배우 → 사업가)

- 전환형: 경력의 다음 챕터를 설계하려는 사람
  (예: 퇴사 후 강연자, 유튜버, 인플루언서 등)

〈살림남〉에 출연했던 메이저리거 류현진 씨의 경우, 확장형 미래 서사에 가장 가까운 사례였습니다. 야구선수 류현진이 '괴물 신인'에서 '코리안 몬스터'가 되기까지의 서사는 국민 대부분이 알고 있습니다. 데뷔 때부터 지금까지 한결같은 기량을 보여주고 있으니까요.

하지만 그런 엄청난 스펙의 소유자인 그도 콘텐츠 기획을 통해 '앞으로의 자신을 어떻게 보여줄 수 있을지'에 대해 촉각을 곤두세우고 있었습니다. 그를 좀 더 심도 깊은 애정 렌즈를 끼고 들여다보면, '야구선수'의 모습 이외에도 다채로운 정체성을 가지고 있었습니다

아나운서인 아내와 결혼하여 두 자녀를 둔 아빠이자, 유소년 야구 후배들을 양성하는 '류현진 재단'의 이사장이기도 했습니다. 사실 섭외 단계에서 직접 그를 만나 이야기를 나눴을 때는, 가족과 미래 서사 기획에 훨씬 더 무게를 두고 반응하고 있다는 걸 느낄 수 있었습니다. 실제로 우리의 콘텐츠를 통해 그가 어떻게 변모할 수 있을지를 기획에 담아야 했습니다. 야구선수 이외에 그가 그리고 있는 미래는, 든든한 가장이자, 애정을 갖고 후배를 양

성하는 선배의 모습이었습니다.

직접 만나본 그는, 한창 손이 많이 가는 어린 남매를 돌보며, 때로는 육아에 지쳐 휴식을 꿈꾸는 평범한 젊은 아빠였습니다. 후배들과도 격 없이 지내는 편으로, 성격 자체가 둥글고 천진난만했지요. 이런 모습은 미래 서사 기획의 선명도를 끌어올릴 수 있는 관찰이었습니다.

그러나 현역 야구선수로 활동 중인 만큼, 야구선수 외적인 모습이 콘텐츠의 주제가 되는 것에 대해 상당한 거부감을 갖고 있었습니다. 본업이 현역 선수이기 때문에 민감할 수밖에 없는 부분이기도 했습니다. 그럴수록 구체적인 미래 서사의 방향성과 결과를 설득력 있게 제시해야 했습니다.

핵심 키워드는, '야구선수 류현진'의 서사를 '인간 류현진'의 서사로 전환하는 것이었습니다. 인간 류현진으로서 그가 가장 중점을 두고 애정을 쏟는 두 가지는 바로 가족과 야구 꿈나무 양성이었습니다. 콘텐츠에서는 이두 가지를 균형 있게 다뤄야 한다는 판단이 섰습니다. 실제로 방영된 콘텐츠는 다음과 같습니다.

1. 아나운서 출신 류현진 아내의 방송 재기 프로젝트
2. 사랑의 하츄핑 캐릭터로 변신해 생애 첫 가족사진 찍기

3. 류현진 재단의 자선 행사와 취지 조명

그는 "이게 실제로 방송이 될 수 있어요?", "제가 가족이랑만 있는 게 콘텐츠가 되는 거예요?"라며 연신 신기해했습니다. 그리고 그의 내면에 남아 있었던, 자신을 위해 방송 커리어를 포기한 아내에 대한 미안함을 달랠 수 있는 아내의 재기 프로젝트를 제안드리자, 유독 밝은 표정을 지었습니다. 실제로 각광받던 스포츠 아나운서였던 아내가 결혼과 출산을 연이어 겪으며 경력 단절이 된 것이, 남편으로서 못내 마음에 걸려 왔기 때문이었습니다. 누구보다 적극적으로 아내의 재기 프로젝트에 온 힘을 다해 서포트해주는 그의 모습에, 시청자들 역시 뭉클한 공감을 느꼈습니다.

관점을 바꾸어 보았을 때, '본업'에 집중하지 않는다는 비판을 받을지도 모른다는 공포를 그의 진심을 반영한 미래 서사 콘텐츠로 승화시킨 기획이었습니다. 누구라도 현재에 대한 칭찬도 기쁘지만, 미래에 어떤 모습을 보일 수 있을지에 대한 답을 제시해주는 기획은 환영받을 수밖에 없습니다. 나 자신도 깊이 있게 하기 어려운 고민을, 기획자라는 이유만으로 제삼자가 진심과 사력을 다해 응원하며 기획해주는 일이기 때문입니다.

'사람 기획'은 어떻게 이루어지는가

'사람을 기획한다'는 말은 어딘가 불편하게 들릴 수 있습니다. 사람을 어떤 틀에 넣어 계획하고 도식화하는 행위처럼 느껴지기 때문입니다. 하지만 진정한 사람 기획이란, 누군가를 틀에 맞추려는 것이 아니라 그 사람 고유의 가능성과 방향성을 발견하고 설계하는 과정입니다.

사람은 결코 도식화될 수 없습니다. 기획도 마찬가지지만, 사람이라면 더욱 그렇겠지요. 한 사람의 숨겨진 매력, 삶의 궤적, 미래의 성장 가능성까지를 하나의 구조도 안에 담는 것은 불가능에 가깝습니다. 그럼에도 불구하고 사람 중심의 기획 역시 어떤 프로젝트를 기획하는 것과 마찬가지로, 일정한 흐름과 단계 속에서 구체화됩니다.

그러한 흐름을 따라, '사람 기획의 A to Z'를 소개하고자 합니다. 각 분야와 목적에 따라 고려해야 할 요소는 다르겠지만, 사람을 중심에 둔 기획의 전개는 다음과 같은 공통 구조를 가집니다.

그러나 진짜 중요한 것은 프로세스 자체보다, 그 기획을 이끄는 기획자의 태도와 시선입니다. 이 책에서 조명한 '오래가는 사람들'은, 일과 사람을 바라보는 깊이 있는 관찰력과 내면의 지속성을 바탕으로 각자의 길을 걸어왔습니다. 이들은 기획의 정형화된 틀에 자신을 끼워 맞추지 않았습니다. 오히려 자신의 고유한 리듬을 지키며, 관계 속에서 살아 숨 쉬는 방식으로 일하고, 사람을 마주했습니다.

'사람 기획' 역시 마찬가지입니다. 누군가를 계획하거나 설계하는 것이 아니라, 그 사람의 결을 읽고, 삶의 방향성과 리듬을 함께 찾아가는 일에 가깝습니다.

이처럼 기획자는 설계자가 아니라, 가능성을 감각적으로 포착하고 조율하는 동반자입니다. 도식화된 프로세스는 그저 참고서일 뿐이며, 사람을 향한 깊은 이해와 성찰이야말로 사람 기획의 출발점이 되어야 합니다.

✦ 브랜딩 중심의 사람 기획 7단계

STEP 1. 정체성과 목표 설정하기

"무엇을 보여줄 것인가?"

- 기획자 본인 또는 출연자의 핵심 정체성 Key Identity 을 규명한다.

- 이 콘텐츠를 통해 '어떤 이미지로 인식되길 원하는가', '무엇을 이루고 싶은가'를 명확히 한다.

ex. '진정성 있는 MZ 창작자', '감각적인 요리 크리에이터', '시대를 읽는 인터뷰어'

STEP 2. 콘텐츠 환경 설정하기

"이 브랜딩은 어디에서, 누구에게 통할까?"

- 타깃 시청자/플랫폼/포맷 등 외부 환경을 분석한다.

- 콘텐츠가 노출될 플랫폼의 분위기, 시청자의 기대치 등을 파악하여 브랜딩의 톤과 결을 정한다.

ex. 유튜브 = 서사 중심 + 리얼감, 인스타 = 감각적인 이미지 중심

STEP 3. 팀 구성 & 협업 구조 설계하기

"누구와 어떻게 함께 만들 것인가?"

- 본인 외에 필요한 인물(디자이너, 영상 편집자, 스타일리스트 등) 또는 협업할 출연자의 강점을 파악한다.

- 각자의 역할 분담을 명확히 하되, 브랜딩 목표에 맞춘 시너지를 유도한다.

❖ 브랜딩은 '보여지는 것'이므로 주변 팀의 기획 감각도 중요

STEP 4. 브랜딩 콘셉트 도출하기

"어떤 무드와 톤으로 기억되게 할 것인가?"

- 브랜드 키워드 3~5개를 정리한다(예: 유쾌함, 지성, 개성, 따뜻함 등)
- 그 사람(혹은 나)의 '결'을 반영한 비주얼, 말투, 스타일, 연출 톤을 정의한다.

❖ 단순한 외적 콘셉트가 아니라 정체성과 일관된 인상이 되도록 한다.

STEP 5. 콘텐츠 실행 전략 구체화하기

"어떻게 구현할 것인가?"

- 시리즈 구성, 에피소드 주제, 타이틀, 썸네일 방향 등 구체적인 실행 기획을 수립한다.
- 브랜딩 메시지를 각 콘텐츠에 어떻게 녹일지 전략을 세운다.

❖ '어떤 장면에서 어떤 인상을 줄 것인가'를 설계하는 스토리텔링 중심 전략

STEP 6. 콘텐츠 제작 및 배포 실행

"콘셉트를 살아 숨 쉬게 만든다"

- 본격적으로 촬영/편집/디자인 등 콘텐츠를 입체적으로 구현한다.

- 기획자의 의도가 화면과 텍스트에서 명확히 드러나는지 체크한다.

❖ 퍼블리싱할 때에도 콘셉트 일관성 유지(설명문, 해시태그, 커뮤니티 활용 등)

STEP 7. 리뷰 & 피드백 반영하기

"반응 속에서 내 정체성을 점검한다"

- 콘텐츠 공개 후 피드백(조회수, 댓글, DM, 업계 반응 등)을 분석한다.

- 사람들에게 어떤 인상으로 남았는지, 브랜딩 목표에 가까워졌는지를 점검한다.

❖ 필요 시 콘셉트 미세 조정 및 전략 보완 → 브랜딩은 '살아 있는 기획'이다.

TIP

- 브랜딩은 기획의 결과물이 아니라, 철학이자 감각이다.
- '내가 누구인지'와 '내가 누구로 보이고 싶은지' 사이의 거리를 줄이는 것이 기획자의 핵심 역량이다.

편은지 PD의 실전 기획노트

진짜 일상이 주는 의외의 감동
✦ 〈살림하는 남자들〉의 사람들

STEP 1. 정체성과 목표 설정하기

- '살림'을 매개로 한 생활밀착형 예능
- 연예인의 비일상적인 면이 아닌, 생활 속 인간적인 매력을 드러내는 것이 목표

STEP 2. 콘텐츠 환경 설정하기

- 집과 일상의 공간을 무대로, 관찰예능 포맷
- 가정적 감성과 동시에 예능적 재미를 줄 수 있는 편안한 분위기

STEP 3. 팀 구성 & 협업 구조 설계하기

- 출연자: 기존 캐릭터가 강하지만, 새로운 이미지를 보여줄 수 있는 인물들로 구성
- 연출/작가팀과의 협업으로 '생활 속 캐릭터'에 집중

STEP 4. 브랜딩 콘셉트 도출하기

- 키워드: 의외성, 따뜻함, 허술함 속 진정성
- '은지원=살림 안 할 것 같은 사람' → 누군가의 살림에 대한 뜻밖의 관심 및 기존 예능에서 볼 수 없던 남다른 가족애 과시

- '박서진=장구의 신' → 슬픈 가족사 속 예상치 못한 유쾌한 현실 남매 모습 부각

STEP 5. 콘텐츠 실행 전략 구체화하기

- 각 출연자의 생활 패턴, 집 구조, 취미 등을 활용한 에피소드 구성
- '요리 실패'도 예능적으로 포장해 매력 포인트화

STEP 6. 콘텐츠 제작 및 배포 실행

- 현실감 있는 촬영 방식 + 자막으로 캐릭터 보완
- 클립 중심 편집으로 인물별 소비 가능

STEP 7. 리뷰 & 피드백 반영하기

- '살림돌'이라는 신조어 생성
- 시청자들이 출연자에게 느낀 거리감 해소 → 호감도 상승

예능에는 안 어울릴 것 같던,

✦ 박서진의 숨은 면모

STEP 1. 정체성과 목표 설정하기

- 트로트 가수라는 틀에서 벗어나, 예능형 인물로 재발견
- 연예인의 비일상적인 면이 아닌, 생활 속 인간적인 매력을 드러내는 것이 목표

STEP 2. 콘텐츠 환경 설정하기

- 예능이라는 다이내믹한 포맷
- 일반 대중이 낯설게 느끼는 인물을 친근하게 만드는 기획

STEP 3. 팀 구성 & 협업 구조 설계하기

- 리액션 중심 편집, 예능 멘토와의 동반 출연
- 새로운 상황에서 의외성을 끌어낼 작가 역량 중요

STEP 4. 브랜딩 콘셉트 도출하기

- 키워드: 반전, 성실, 순수, 생활력
- '예능 안 될 것 같던 사람' → 그 이면에 있는 진심과 매력 포착

STEP 5. 콘텐츠 실행 전략 구체화하기

- 특정 게임이나 토크에서 엉뚱함, 순수함이 드러나는 상황 설정
- 예능 문법에 맞게 리듬 조절

STEP 6. 콘텐츠 제작 및 배포 실행

- 자막, 리액션 효과, 시청자의 공감 포인트 유도
- '이 사람이 이렇게 매력 있구나' 하는 편집점 강조

STEP 7. 리뷰 & 피드백 반영하기

- "생각보다 예능 잘하네!" → 호감도와 출연 기회 확대
- 기존 팬층 외 예능 시청자층까지 확장 성공

✦ 류현진의 가족 이야기

STEP 1. 정체성과 목표 설정하기

- 메이저리그 스타 류현진을 다른 각도에서 조명
- 개인이 아닌 가족이라는 키워드를 통해 인간 류현진을 조명

STEP 2. 콘텐츠 환경 설정하기

- 스포츠 중심 매체가 아닌 대중예능/휴먼 콘텐츠 환경
- 감정 이입 가능한 내러티브 구성 필수

STEP 3. 팀 구성 & 협업 구조 설계하기

- 가족 인터뷰, 사진 자료 수집, 주변 인물 리서치 등
- 스토리텔링 작가의 역량이 중요

STEP 4. 브랜딩 콘셉트 도출하기

- 키워드: 근성, 부모의 헌신, 성장 서사
- '성공한 운동선수'가 아닌 '가족의 팀워크로 완성된 선수'

STEP 5. 콘텐츠 실행 전략 구체화하기

- 성장 과정, 부상 시절, 부모의 일화 등을 중심으로 구성
- 기존 인터뷰에서 잘 다뤄지지 않은 시점 중심 서사

STEP 6. 콘텐츠 제작 및 배포 실행

- 다큐+예능 포맷, 감성적인 음악과 인터뷰 병치
- 팬층을 넘어 전 세대에게 울림을 주는 메시지 설계

STEP 7. 리뷰 & 피드백 반영하기

- '류현진'에 대한 인간적 공감대 형성 성공
- 콘텐츠가 단발성 스타 소비가 아닌, 브랜드 강화에 기여

오래 살아내는 사람을
위하여

"딱 50억만 벌고 이 바닥 뜬다."

예능 프로그램에서 들어봤음 직한, 연예인들이 흔히 농반진반으로 하는 얘기입니다. 이 말 안에는 이리저리 치이며 사는 고달픈 현실에 대한 한탄이 숨어 있습니다. 그럼에도 불구하고, 현실적인 기반은 필요하기에 일단 꾸역꾸역 참아보자는 뜻이기도 합니다.

흔히 "연예인 걱정은 하는 거 아니다"라고들 하죠. 매달 통장을 스치는 월급으로 연명하는 우리와 달리, 그들은 건물도 척척 사고, 화려한 모습으로 비치기 때문입니다. 하지만 그런 그들조차 가장 어려워하는 것은 바로 '사람'입니다. 대중이라는 이름으로 불리는 다수의 사람. 그리고 그들이 만들어내는 시선은 엄청난 중압감이 되기도 하고 보람이 되어주기도 합니다. 그만큼 우리는 사람으로 살면서, 서로 보이지 않는 커다란 영향력을 주고받고 있습니다.

때로는 삶의 이유가 되어주기도 하고, 때로는 삶을 도저히 살아갈 수 없을 만큼의 절망을 안겨주기도 합니다. 그러나 아무리 힘들다고 해도, 그 모든 것을 져버릴 만한 완벽한 명분은 되지 못합니다. 힘들어도 지켜내야만 하는, 그만의 이유가 있기 때문입니다.

- 먹기 싫다고 매일 아침 매정하게 떨쳐내는 엄마 밥상
- 배달보다 재료비가 더 들 것만 같은, 손 많이 가는 집밥
- 활자 하나하나 고치고 다듬어, 수년 만에 겨우 나오는 작가의 종이책
- 섭외 하나하나에 감사해하며, 십수 년째 꾹꾹 눌러 적은 원로 연예인의 빛바랜 일정표
- 넘어지고 울기를 반복해도, 정성껏 달래고 응원하며 보게 된 아이의 첫걸음마
- 힘든 수술을 마치고, 건강해지길 빌고 또 빌며 밤새 지켰던 부모님의 병상 옆자리

이 모든 것은, 고개를 내저을 만큼 꽤나 고통스러운 순간들입니다. 그렇지만 당장 없앨 수 없는, 아니 오히려 더 오래 지키고 싶은 순간이기도 합니다. 남들에게 보여주고 싶지 않은 여러분 안의 열등감과 생활 속 곤궁함들. 이것들을 제거하려고 너무 애쓰지 마세요.

오히려 그럴수록 뚫어지게 바라보세요. 그러다 보면 어느새 그것들을 그 자체로 인정하게 되고, 나도 모르는 새 애정이 생기는 경험을 하게 될지도 모릅니다. 번지르르 잘난 것들보다, 오히려 못나서 더 진짜이며 못나서 더 쓸모 있는 것들이 있습니다. 모든 위대한 발명은 불편함

에서 비롯되었으며, 우리가 사랑하는 사람들은 설사 못났더라도 진짜 본인의 한구석을 드러낼 용기를 가진 이들입니다. 사람들이 그런 용기에 자연스레 마음을 여는 이유는 우리 모두가 그런 한계점을 갖고 있기 때문일 겁니다.

'새로운 것만이 눈부시고 가치 있다'는 '새것Something new'에 대한 환상을 잠시 내려두세요. 새것은 오히려 거부감을 기본값으로 동반하는 경우가 많습니다.

지금은 모두에게 익숙한 예능 자막. 25년 전, '쌀집 아저씨'로 유명한 김영희 PD가 처음 도입한 개념입니다. 지금은 예능의 필수 요소지만, 당시에는 시청자들로부터 "우리가 청각장애인이냐"는 항의를 받을 정도로 거부감을 불러일으켰습니다. 이 일로 김영희 PD는 시말서까지 작성해야 했다고 고백했습니다. 그만큼 완전히 새로운 것이었기에 완전한 거부감으로 이어졌던 사례입니다.

하지만 그는 포기하지 않았습니다. 대중의 온도를 살피며 '말 자막'이 아닌 '상황 자막', '애드립 자막' 등으로 세분화해 조금씩 시청자에게 익숙해질 시간을 제공했습니다. 오래 걸렸지만, 현재까지도 그리고 앞으로도 예능에서 자막은 없어서는 안 될, 연출자의 가치를 담는 수단이 될 것입니다. 오히려 소리를 꺼두고 자막만 본다는 사람들이 많을 정도니까요.

이처럼, 버거워도 하루하루 얼기설기 어설픈 조각들을 맞춰 나가는 여러분의 삶은 결코 실패작이 아닙니다. 오히려, 당신은 아름답고 치열하게 '오래 살아내는 중'입니다.

당신 주변에 오래가는 것들을 가만히 떠올려 보세요. 그것이 바로 당신만의 강점입니다.

오래 살아내는 당신을 응원합니다.

사람을 기획하는 일

2026년 1월 5일 초판 1쇄 인쇄
2026년 1월 15일 초판 1쇄 발행

지은이   편은지
펴낸이   이소영
디자인   정나영 (@warmbooks_)

펴낸곳   투래빗
주소   서울시 도봉구 방학로 3길 13, 3층
전화   070-4506-4534
팩스   050-4360-6780
이메일   2rbbook@gmail.com

ⓒ 편은지, 2026
ISBN   979-11-995283-4-5 03680
값 17,000원